국민대학교 국제교육원
Institute of International Education
Kookmin University

국민 한국어 5-2

STUDENT'S BOOK

MP3, 별책 부록 포함

국민대학교 국제교육원
https://iie.kookmin.ac.kr/ko/main

국민한국어 5-2

국민대학교 국제교육원 한국어교육센터 편

초판 1쇄 2025년 5월 15일
편 집 인 국민대학교 국제교육원
집 필 진 이효정, 윤보은, 임주영, 김영랑
감 수 이동은, 이화진

발 행 인 정승렬
발 행 처 국민대학교 출판부
등 록 1975년 6월 17일 제6-33호
주 소 서울특별시 성북구 정릉로 77
전 화 02.910.4242
팩 스 02.910.4240

인쇄·편집 동방인쇄공사
전 화 02.468.0301
표지 디자인 더그래픽노블스
삽 화 이상경
녹 음 쿠키앤사운드

국민대학교 국제교육원

ISBN 978-89-7812-549-9 (14700)
978-89-7812-547-5 (세트)

값 25,000원 (세트 47,000원: 5-1, 5-2, 별책 부록 포함)

- mp3 음원은 국민대학교 한국어교육센터〉mp3(https://iie.kookmin.ac.kr/ko/main)에서 내려받을 수 있습니다.

- 책이 나올 때까지 지지와 지원을 아끼지 않은 이동은 국제교육원장님과 행정 지원을 해 주신 교학팀 선생님들께 진심으로 감사드립니다.
- '하이브리드 고급한국어' 교재의 집필진 선생님들께 깊은 감사를 드립니다. '국민한국어 5' 교재의 주제와 내용 선정에 큰 도움이 되었습니다.

머리말

2025년 현재, 한국어는 세계의 언어들 중에 20위권에 자리하는 주요 언어로서 한국 문화의 확산과 함께 그 영향력은 더욱 커지고 있습니다. 한국어 학습 열풍이 지속적으로 확산됨에 따라 한국어의 위상은 앞으로도 더욱 높아질 것으로 기대합니다.

국민대학교는 2002년 3월부터 외국인을 위한 한국어 교육을 시작하였으며, 2025년 4월 기준으로 세계 50여 개국 언어 문화권의 학습자들이 이곳에서 한국어 능력을 키우고 있습니다. 이렇게 날로 증가하는 외국인 학습자들의 다변화된 요구를 반영하기 위해 2012년부터 **국민한국어** 교재 개발을 시작하였으며, **국민한국어 4**를 출간한 지 5년 만에 고급 교재인 **국민한국어 5**를 펴내게 되었습니다. **국민한국어 5**에는 그간 국민대학교 한국어교육센터가 축적해 온 교육 내용, 교수법 및 교육 자료의 연구와 개발 성과가 새롭고 합리적인 방식으로 담겨 있습니다.

이 교재는 다음과 같은 특성을 지닙니다. 첫째, 한국어 고급 교재는 한국에 대한 학습자의 심층적 이해를 돕기 위해 한국어뿐 아니라 한국 문화, 역사, 사회적 이슈까지 포함하여야 합니다. 따라서 본 교재에서는 신문 기사, 보고서, 문학 작품, 다큐멘터리, 학술 강의 등 다양한 장르의 텍스트를 포함하였으며, 이를 주제 및 어휘, 문법, 활동과 유기적으로 연결하도록 구성하였습니다. 이를 통해 학습자가 한국 사회와 문화를 보다 심층적으로 이해할 수 있도록 하였습니다.

둘째, 학습자가 읽기와 듣기 자료를 통해 수집한 정보를 자연스럽게 말하기와 쓰기로 표현할 수 있도록 교재를 구성하여 네 가지 언어 영역이 균형 있게 향상될 수 있도록 하였습니다. 또한 문법과 어휘, 표현을 사회적 영역에서 구현할 수 있도록 내용을 구성하였습니다.

셋째, 실제 수업을 하는 방법과 순서에 따라 단원을 구성함으로써 교수자와 학습자가 쉽게 교수·학습할 수 있도록 학습의 편의성을 도모하였습니다.

국민한국어 5를 출간하면서 감사해야 할 분들이 참으로 많습니다. 우선 이 교재가 탄생하는 데 영감을 준 학습자들에게 깊은 감사를 전합니다. 또한, 연구와 개발에 헌신적으로 열정을 쏟아 주신 교재 연구 개발팀 선생님들께도 감사드립니다. 교재 출간을 위해 물심양면으로 지원해 주신 국민대학교 출판부와 한국어교육센터 행정팀, 편집을 맡아 주신 동방인쇄공사 편집팀, 삽화를 맡아 주신 이상경 작가님과 자문과 교정·교열을 해 주신 이화진 교수님과 박근영 교수님, 신선, 김지혜 선생님께도 감사의 마음을 전합니다. 또한 표지 디자인과 mp3 음원 제작에 도움을 주신 더그래픽노블스, 쿠키앤사운드 관계자 여러분들께도 감사드립니다. 마지막으로, 깊은 관심으로 아낌없는 지원을 해 주신 국민대학교 정승렬 총장님께도 진심으로 감사드립니다.

앞으로 더 많은 학습자들이 **국민한국어 5**를 통해 한국어 능력을 향상시키고, 한국어 교육자들에게도 유용한 자료가 되어 더욱 효과적이고 재미있게 한국어를 가르칠 수 있기를 바랍니다. 아울러 이 교재가 한국어 교육 발전에 의미 있는 기여를 하기를 기원합니다.

2025년 5월

국민대학교 국제교육원장 이동은

교재 구성과 사용법

국민한국어 5는 한국어를 800시간 정도 배운 학습자를 위한 고급용 교재로, 사회적이고 추상적인 주제 및 업무나 학업과 관련된 영역에 대한 의사소통 능력을 향상하는 데 그 목적이 있다. 이 교재는 학습자들이 공식적인 맥락에서 격식을 갖추어 의사소통할 수 있는 능력을 기를 수 있도록 구성되었다. 또한 한국 문화의 다양한 측면을 이해하고 이를 자국 문화와 비교함으로써 문화의 다양성과 특수성을 이해할 수 있도록 돕는다.

본 교재의 단원 구성 및 특징은 다음과 같다.

- 본 교재는 한 학기 200시간으로 구성된 교육과정에서 활용할 수 있도록 개발되었다. 총 14개 단원으로 이루어져 있으며, 각 단원은 2개의 과로 나누어져 있어 학습자가 한 가지 주제를 깊이 있게 학습할 수 있도록 설계되었다. 각 단원의 마지막에는 말하기와 쓰기를 중심으로 한 '활동' 영역을 두어 실제적이며 종합적인 언어 능력이 향상될 수 있도록 하였다.
- 한 단원을 학습하는 데 약 10시간이 소요되며, 다음과 같이 수업을 운영할 수 있다.

	8-1	8-2	활동
1교시	주제 도입, 어휘·표현 1	어휘·표현 2	의사소통 활동
2교시	듣기 1	읽기 2	
3교시	읽기 1	듣기 2	
4교시	문법 1, 2	문법 3, 4	
	4시간	4시간	2시간
	10시간		

- 고급 단계에서 다루어져야 할 읽기와 듣기 텍스트를 분석하여 신문 기사, 보고서, 문학 작품, 다큐멘터리, 학술 강의 등 다양한 유형의 텍스트를 고르게 접할 수 있도록 구성하였다.
- 난이도와 사용 빈도를 고려하여 5급 학습자에게 적절한 수준의 주제와 어휘·표현, 문법을 선정하였다.
- 표현 영역과 이해 영역의 특징에 맞는 다양한 연습과 활동을 제공하여 듣기, 말하기, 읽기, 쓰기 능력을 통합적으로 키울 수 있도록 하였다.
- 실제 교실 수업의 진행 절차와 순서를 반영하여 자연스러운 학습 흐름에 따라 수업이 이루어질 수 있도록 구성하였다.
- 학습자들이 흥미를 가질 수 있도록 사진, 그래프, 삽화 등 다양한 시각적 자료를 제공하였다.

01 단원 구성

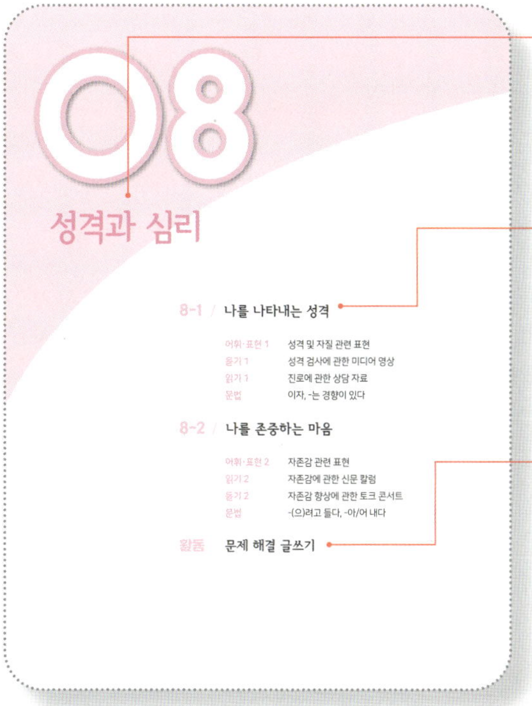
08
성격과 심리
8-1 / 나를 나타내는 성격
어휘·표현 1 성격 및 자질 관련 표현
듣기 1 성격 검사에 관한 미디어 영상
읽기 1 진로에 관한 상담 자료
문법 이자, -는 경향이 있다
8-2 / 나를 존중하는 마음
어휘·표현 2 자존감 관련 표현
읽기 2 자존감에 관한 신문 칼럼
듣기 2 자존감 향상에 관한 토크 콘서트
문법 -(으)려고 들다, -아/어 내다
활동 문제 해결 글쓰기

단원 주제

해당 단원의 첫 부분에 학습자가 배울 내용을 인지할 수 있도록 주제를 제시하였다.

과 주제와 학습 목표

한 단원은 하나의 주제로 연결된 두 개의 과로 이루어져 있다. 과 제목 아래에 학습하게 될 어휘와 표현, 듣기와 읽기 장르, 문법 항목 등을 정리하여 제시하였다.

활동

한 단원을 마친 뒤 의사소통 활동을 진행하여 종합적인 언어 능력 향상을 도모할 수 있도록 하였다.

02 전체 단원의 준비

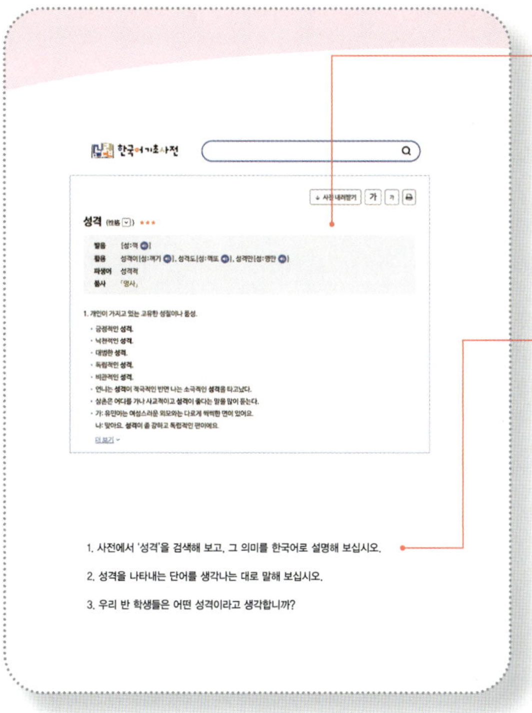

1. 사전에서 '성격'을 검색해 보고, 그 의미를 한국어로 설명해 보십시오.
2. 성격을 나타내는 단어를 생각나는 대로 말해 보십시오.
3. 우리 반 학생들은 어떤 성격이라고 생각합니까?

주제 도입

단원 주제와 관련된 사진이나 자료를 제시하여 주제 도입 시 학습자의 배경지식을 활성화하고 관심을 이끌어 낼 수 있도록 구성하였다.

질문

질의응답을 통해 주제에 대한 경험이나 의견을 이야기할 수 있도록 구성하였다.

03 어휘와 표현

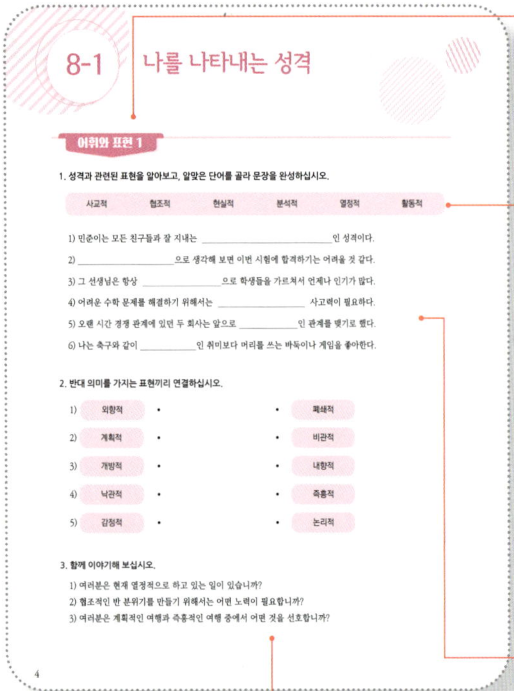
8-1 나를 나타내는 성격

어휘와 표현 1

1. 성격과 관련된 표현을 알아보고, 알맞은 단어를 골라 문장을 완성하십시오.

사교적 협조적 현실적 분석적 열정적 활동적

1) 민준이는 모든 친구들과 잘 지내는 ____________ 인 성격이다.
2) ____________ 으로 생각해 보면 이번 시험에 합격하기는 어려울 것 같다.
3) 그 선생님은 항상 ____________ 으로 학생들을 가르쳐서 언제나 인기가 많다.
4) 어려운 수학 문제를 해결하기 위해서는 ____________ 사고력이 필요하다.
5) 오랜 시간 경쟁 관계에 있던 두 회사는 앞으로 ____________ 인 관계를 맺기로 했다.
6) 나는 축구와 같이 ____________ 인 취미보다 머리를 쓰는 바둑이나 게임을 좋아한다.

2. 반대 의미를 가지는 표현끼리 연결하십시오.

1) 외향적 • • 폐쇄적
2) 계획적 • • 비관적
3) 개방적 • • 내향적
4) 낙관적 • • 즉흥적
5) 감정적 • • 논리적

3. 함께 이야기해 보십시오.

1) 여러분은 현재 열정적으로 하고 있는 일이 있습니까?
2) 협조적인 반 분위기를 만들기 위해서는 어떤 노력이 필요합니까?
3) 여러분은 계획적인 여행과 즉흥적인 여행 중에서 어떤 것을 선호합니까?

4

어휘와 표현 단계에서는 주제와 관련된 주요 어휘와 표현을 제시한 뒤 다양한 활동을 통해 이를 연습하도록 하였다.

제시

제시 단계에서는 단원 주제와 관련된 핵심적인 어휘와 표현을 구조화하여 제시하였다. 학습자의 이해를 돕기 위해 사진이나 도표 등을 적극적으로 활용하였다.

연습

주제와 관련된 어휘의 의미를 이해하고 내재화할 수 있도록 다양한 유형의 연습 활동을 마련하였다.

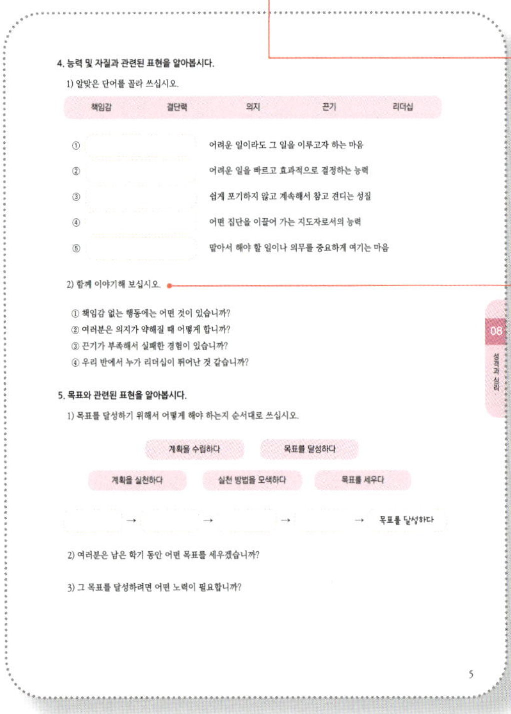
4. 능력 및 자질과 관련된 표현을 알아봅시다.

1) 알맞은 단어를 골라 쓰십시오.

책임감 결단력 의지 끈기 리더십

① ____________ 어려운 일이라도 그 일을 이루고자 하는 마음
② ____________ 어려운 일을 빠르고 효과적으로 결정하는 능력
③ ____________ 쉽게 포기하지 않고 계속해서 참고 견디는 성질
④ ____________ 어떤 집단을 이끌어 가는 지도자로서의 능력
⑤ ____________ 맡아서 해야 할 일이나 의무를 중요하게 여기는 마음

2) 함께 이야기해 보십시오.

① 책임감 없는 행동에는 어떤 것이 있습니까?
② 여러분은 의지가 약해질 때 어떻게 합니까?
③ 끈기가 부족해서 실패한 경험이 있습니까?
④ 우리 반에서 누가 리더십이 뛰어난 것 같습니까?

5. 목표와 관련된 표현을 알아봅시다.

1) 목표를 달성하기 위해서 어떻게 해야 하는지 순서대로 쓰십시오.

계획을 수립하다 목표를 달성하다 계획을 실천하다 실천 방법을 모색하다 목표를 세우다

____ → ____ → ____ → ____ → 목표를 달성하다

2) 여러분은 남은 학기 동안 어떤 목표를 세우겠습니까?

3) 그 목표를 달성하려면 어떤 노력이 필요합니까?

5

활용

학습자가 실제 담화 속에서 자연스럽게 목표 어휘를 활용할 수 있도록 질문을 구성함으로써 유의미한 의사소통이 이루어지도록 하였다.

04
듣기 1, 읽기 2

● 한 단원에는 '듣기 1'과 '읽기 2'가 포함되며 상대적으로 짧은 길이로 구성되어 주제를 도입하는 역할을 한다.

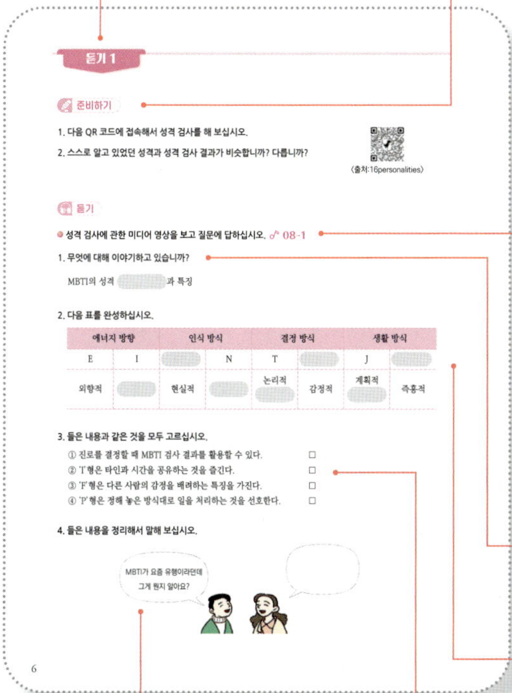
듣기 1

준비하기

1. 다음 QR 코드에 접속해서 성격 검사를 해 보십시오.
2. 스스로 알고 있었던 성격과 성격 검사 결과가 비슷합니까? 다릅니까?

〈출처:16personalities〉

듣기

● 성격 검사에 관한 미디어 영상을 보고 질문에 답하십시오. 08-1

1. 무엇에 대해 이야기하고 있습니까?

MBTI의 성격 ______과 특징

2. 다음 표를 완성하십시오.

에너지 방향		인식 방식		결정 방식		생활 방식	
E	I		N	T		J	
외향적		현실적		논리적	감정적	계획적	즉흥적

3. 들은 내용과 같은 것을 모두 고르십시오.

① 진로를 결정할 때 MBTI 검사 결과를 활용할 수 있다. □
② 'I'형은 타인과 시간을 공유하는 것을 즐긴다. □
③ 'F'형은 다른 사람의 감정을 배려하는 특징을 가진다. □
④ 'P'형은 정해 놓은 방식대로 일을 처리하는 것을 선호한다. □

4. 들은 내용을 정리해서 말해 보십시오.

6

● 듣기/읽기 전

듣기/읽기 전에 학습자의 배경지식을 활성화할 수 있도록 관련 자료와 질문을 제시하였다. 그리고 필요에 따라 듣기/읽기 이해에 도움이 되는 사진이나 삽화도 함께 제시하였다.

● 듣기/읽기

학습자가 내용의 맥락을 이해할 수 있도록 '다큐멘터리, 발표, 설명문, 도감' 등 다양한 담화 장르를 밝혔다.

● 듣기/읽기 후

- '주제, 의도 파악하기' 등의 문제를 통해 전반적으로 듣기/읽기 내용을 이해했는지 확인하였다.
- '표 완성하기' 등의 문제를 통해 핵심적인 정보를 정확하게 파악했는지 확인하였다.
- '들은/읽은 내용과 일치하는 것 고르기' 등의 문제를 통해 세부 내용을 정확하게 이해했는지 확인하였다.
- 들은/읽은 내용을 요약하고 다른 사람에게 자연스럽게 전달하는 활동을 제시함으로써, 논리적이고 격식 있는 표현 능력을 향상할 수 있도록 하였다.

05
읽기 1, 듣기 2

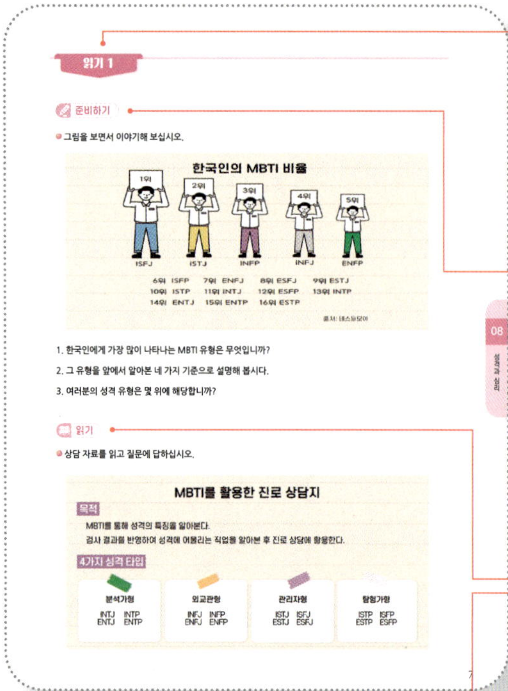

읽기 1

준비하기

- 그림을 보면서 이야기해 보십시오.

1. 한국인에게 가장 많이 나타나는 MBTI 유형은 무엇입니까?
2. 그 유형을 앞에서 알아본 네 가지 기준으로 설명해 봅시다.
3. 여러분의 성격 유형은 몇 위에 해당합니까?

읽기

- 상담 자료를 읽고 질문에 답하십시오.

MBTI를 활용한 진로 상담지

목적

MBTI를 통해 성격의 특징을 알아본다.
검사 결과를 반영하여 성격에 어울리는 직업을 알아본 후 진로 상담에 활용한다.

4가지 성격 타입

분석가형	외교관형	관리자형	탐험가형
INTJ INTP ENTJ ENTP	INFJ INFP ENFJ ENFP	ISTJ ISFJ ESTJ ESFJ	ISTP ISFP ESTP ESFP

'읽기 1'과 '듣기 2'는 상대적으로 긴 길이로 구성되어 단원의 주제와 내용을 심화하는 역할을 한다.

읽기/듣기 전

읽기/듣기 전 단계에서는 학습자의 배경지식을 활성화할 수 있도록 관련 자료와 질문을 제시하였다. 그리고 필요에 따라 읽기/듣기 이해에 도움이 되는 사진이나 삽화도 함께 제시하였다.

읽기/듣기

학습자가 자료의 맥락을 이해할 수 있도록 '안내문, 설명문, 강의, 집담회' 등 다양한 담화 장르를 밝혔다.

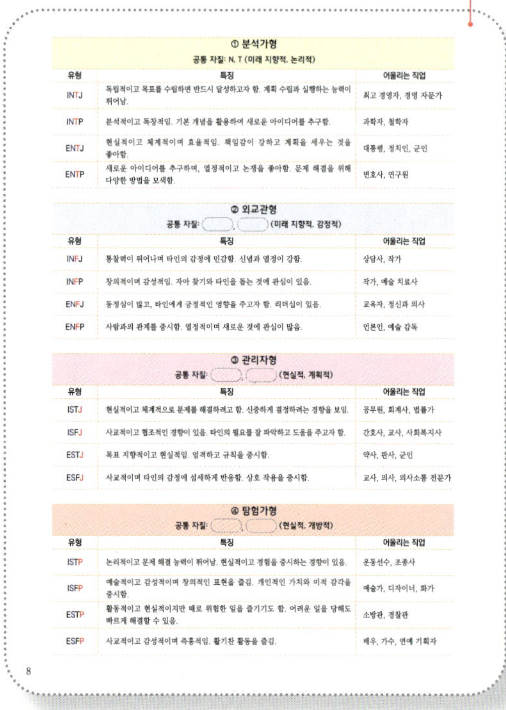

① 분석가형
공통 자질: N, T (미래 지향적, 논리적)

유형	특징	어울리는 직업
INTJ	독립적이고 목표를 수립하면 반드시 달성하고자 함. 계획 수립과 실행하는 능력이 뛰어남.	최고 경영자, 경영 자문가
INTP	분석적이고 독창적임. 기본 개념을 활용하여 새로운 아이디어를 추구함.	과학자, 철학자
ENTJ	현실적이고 체계적이며 효율적임. 책임감이 강하고 계획을 세우는 것을 좋아함.	대통령, 정치인, 군인
ENTP	새로운 아이디어를 추구하며, 열정적이고 논쟁을 좋아함. 문제 해결을 위해 다양한 방법을 모색함.	변호사, 연구원

② 외교관형
공통 자질: (   ), (   ) (미래 지향적, 감정적)

유형	특징	어울리는 직업
INFJ	통찰력이 뛰어나며 타인의 감정에 민감함. 신념과 열정이 강함.	상담사, 작가
INFP	창의적이며 감성적임. 자아 찾기와 타인을 돕는 것에 관심이 있음.	작가, 예술 치료사
ENFJ	동정심이 많고, 타인에게 긍정적인 영향을 주고자 함. 리더십이 있음.	교육자, 정신과 의사
ENFP	사람과의 관계를 중시함. 열정적이며 새로운 것에 관심이 많음.	언론인, 예술 감독

③ 관리자형
공통 자질: (   ), (   ) (현실적, 계획적)

유형	특징	어울리는 직업
ISTJ	현실적이고 체계적으로 문제를 해결하려고 함. 신중하게 결정하려는 경향을 보임.	공무원, 회계사, 법률가
ISFJ	사교적이고 협조적인 경향이 있음. 타인의 필요를 잘 파악하고 도움을 주고자 함.	간호사, 교사, 사회복지사
ESTJ	목표 지향적이고 현실적임. 엄격하고 규칙을 중시함.	약사, 판사, 군인
ESFJ	사교적이며 타인의 감정에 섬세하게 반응함. 상호 작용을 중시함.	교사, 의사, 의사소통 전문가

④ 탐험가형
공통 자질: (   ), (   ) (현실적, 개방적)

유형	특징	어울리는 직업
ISTP	논리적이고 문제 해결 능력이 뛰어남. 현실적이고 경험을 중시하는 경향이 있음.	운동선수, 조종사
ISFP	예술적이고 감성적이며 창의적인 표현을 즐김. 개인적인 가치와 미적 감각을 중시함.	예술가, 디자이너, 화가
ESTP	활동적이고 현실적이지만 때로 위험한 일을 즐기기도 함. 어려운 일을 당해도 빠르게 해결할 수 있음.	소방관, 경찰관
ESFP	사교적이고 감성적이며 즉흥적임. 활기찬 활동을 즐김.	배우, 가수, 연예 기획자

05
읽기 1, 듣기 2

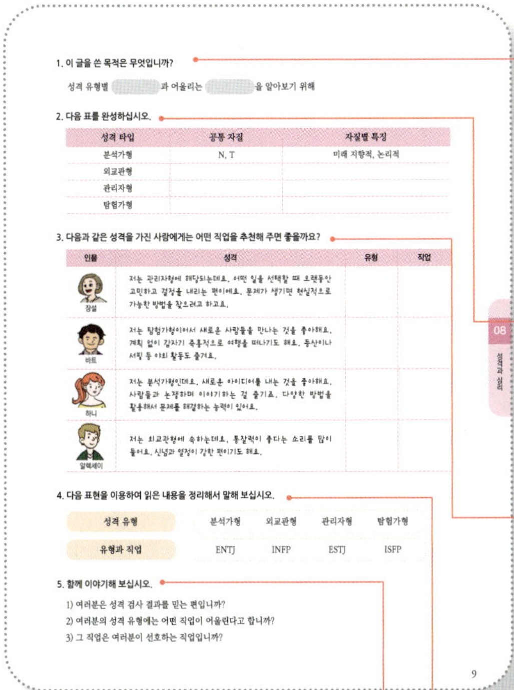

1. 이 글을 쓴 목적은 무엇입니까?

성격 유형별 [ ] 과 어울리는 [ ] 을 알아보기 위해

2. 다음 표를 완성하십시오.

성격 타입	공통 자질	자질별 특징
분석가형	N, T	미래 지향적, 논리적
외교관형		
관리자형		
탐험가형		

3. 다음과 같은 성격을 가진 사람에게는 어떤 직업을 추천해 주면 좋을까요?

인물	성격	유형	직업
장쉴	저는 관리자형에 해당되는데요. 어떤 일을 선택할 때 오랫동안 고민하고 결정을 내리는 편이에요. 문제가 생기면 현실적으로 가능한 방법을 찾으려고 하고요.		
바트	저는 탐험가형이어서 새로운 사람들을 만나는 것을 좋아해요. 계획 없이 갑자기 즉흥적으로 여행을 떠나기도 해요. 등산이나 서핑 등 야외 활동도 즐겨요.		
하니	저는 분석가형인데요. 새로운 아이디어를 내는 것을 좋아해요. 사람들과 논쟁하며 이야기하는 걸 즐기죠. 다양한 방법을 활용해서 문제를 해결하는 능력이 있어요.		
알렉세이	저는 외교관형에 속하는데요. 통찰력이 좋다는 소리를 많이 들어요. 신념과 열정이 강한 편이기도 해요.		

4. 다음 표현을 이용하여 읽은 내용을 정리해서 말해 보십시오.

성격 유형	분석가형	외교관형	관리자형	탐험가형
유형과 직업	ENTJ	INFP	ESTJ	ISFP

5. 함께 이야기해 보십시오.

1) 여러분은 성격 검사 결과를 믿는 편입니까?
2) 여러분의 성격 유형에는 어떤 직업이 어울린다고 합니까?
3) 그 직업은 여러분이 선호하는 직업입니까?

08 성격과 심리

9

읽기/듣기 후

- 이 글의 주제/목적은 무엇입니까?

'주제, 의도 파악하기' 등의 문제를 통해 읽기/ 듣기 내용을 전반적으로 이해했는지 확인하였다.

- 다음 표를 완성하십시오.

그림이나 표 등 다양한 방식을 활용하여 핵심적인 정보를 정확하게 파악했는지 확인하였다.

- 묻고 대답하십시오.

'묻고 대답하기' 등의 문제를 통해 세부 내용을 정확하게 이해했는지 확인하였다.

- 다음 표현을 이용하여 읽은/들은 내용을 정리해서 말해 보십시오.

핵심적인 어휘와 표현을 사용하여 읽은/들은 내용을 정리한 뒤 다른 사람에게 체계적이고 논리적으로 전달할 수 있게끔 구성하였다.

- 함께 이야기해 보십시오.

읽은/들은 내용과 관련된 주제에 대해 다른 학습자와 소통할 수 있도록 하였다.

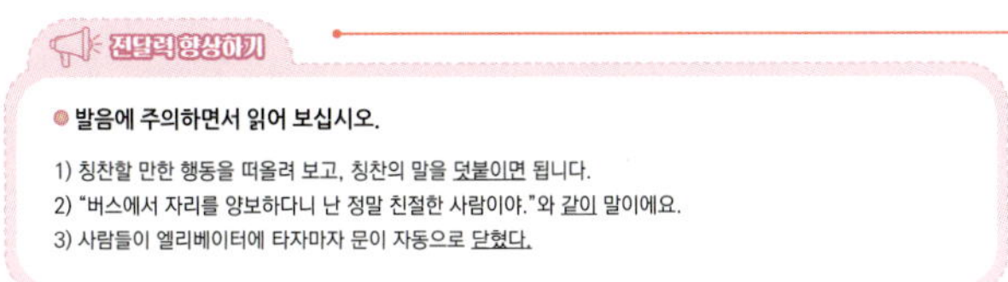

전달력 향상하기

● 발음에 주의하면서 읽어 보십시오.

1) 칭찬할 만한 행동을 떠올려 보고, 칭찬의 말을 덧붙이면 됩니다.
2) "버스에서 자리를 양보하다니 난 정말 친절한 사람이야."와 같이 말이에요.
3) 사람들이 엘리베이터에 타자마자 문이 자동으로 닫혔다.

전달력 향상하기

듣기 2 마지막 부분에 주요 발음, 억양, 끊어 읽기 등을 연습할 수 있는 단계를 제시함으로써, 고급 학습자들이 반복적으로 실수하기 쉬운 부분을 중점적으로 연습할 수 있도록 하였다.

06 문법

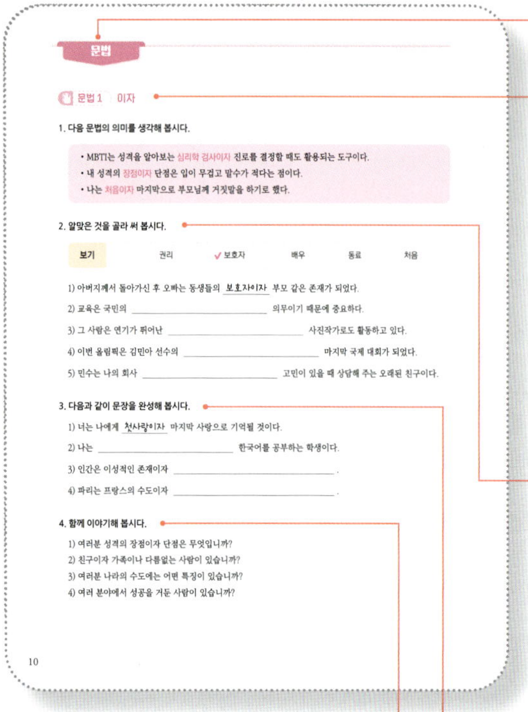

듣기와 읽기 텍스트에서 등장한 문법 중에서 고급 학습자에게 유용한 문법 4개를 선정하여 제시하였다.

제시

듣기와 읽기 텍스트에 등장한 문장을 제시함으로써 맥락에 따른 문법의 의미를 자연스럽게 이해할 수 있도록 하였다.

연습 1

- 목표 문법을 이용하여 간단하게 대답할 수 있는 통제된 연습을 제공하였다.
- 매체에 따른 사용역을 고려하여 구어 문법과 문어 문법에 적절한 연습 활동을 제공하였다.

연습 2

목표 문법의 의미와 기능에 초점을 맞추어 선행절-후행절을 완성하는 연습을 함으로써 자연스러운 문장을 구성할 수 있는 능력을 키우도록 하였다.

활용

목표 문법을 적절히 활용하여 담화를 확장할 수 있도록 하였다. 목표 문법을 실제 담화 속에서 자연스럽게 활용함으로써 유의미한 의사소통이 이루어지도록 구성하였다.

07 활동

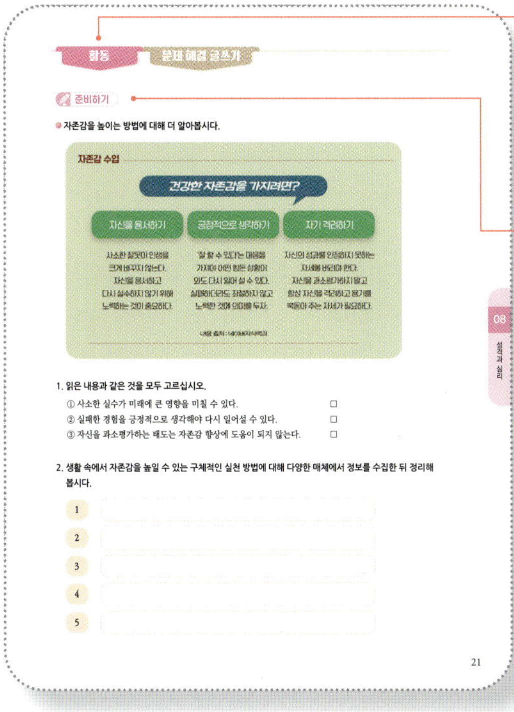

활동 문제 해결 글쓰기

준비하기

자존감을 높이는 방법에 대해 더 알아봅시다.

자존감 수업

건강한 자존감을 가지려면?

자신을 용서하기	긍정적으로 생각하기	자기 격려하기
사소한 잘못이 인생을 크게 바꾸지 않는다. 자신을 용서하고 다시 실수하지 않기 위해 노력하는 것이 중요하다.	'잘 할 수 있다'는 마음을 가져야 어떤 힘든 상황이 와도 다시 일어 설 수 있다. 실패하더라도 좌절하지 않고 노력한 것에 의미를 두자.	자신의 성과를 인정하지 못하는 자세를 버려야 한다. 자신을 과소평가하지 말고 항상 자신을 격려하고 용기를 북돋아 주는 자세가 필요하다.

1. 읽은 내용과 같은 것을 모두 고르십시오.

① 사소한 실수가 미래에 큰 영향을 미칠 수 있다. □
② 실패한 경험을 긍정적으로 생각해야 다시 일어설 수 있다. □
③ 자신을 과소평가하는 태도는 자존감 향상에 도움이 되지 않는다. □

2. 생활 속에서 자존감을 높일 수 있는 구체적인 실천 방법에 대해 다양한 매체에서 정보를 수집한 뒤 정리해 봅시다.

1
2
3
4
5

21

08 성격과 심리

해당 단원에서 다룬 주제 및 기능과 연관된 다양한 과제 활동을 제시하여 학습자가 종합적으로 의사소통 능력을 키울 수 있도록 구성하였다.

준비하기

• 활동 수행에 앞서 학습자의 배경지식을 활성화하고 필요한 자료를 조사하는 단계로 구성하였다.

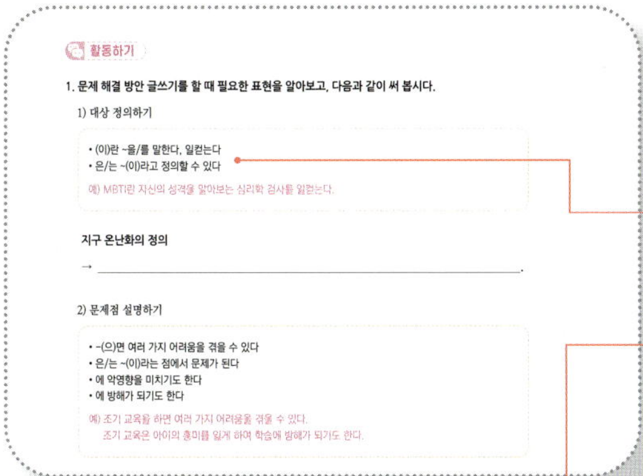

활동하기

1. 문제 해결 방안 글쓰기를 할 때 필요한 표현을 알아보고, 다음과 같이 써 봅시다.

1) 대상 정의하기

• (이)란 ~을/를 말한다, 일컫는다
• 은/는 ~(이)라고 정의할 수 있다

예) MBTI란 자신의 성격을 알아보는 심리학 검사를 일컫는다.

지구 온난화의 정의

→ ____________________.

2) 문제점 설명하기

• ~(으)면 여러 가지 어려움을 겪을 수 있다
• 은/는 ~(이)라는 점에서 문제가 된다
• 에 악영향을 미치기도 한다
• 에 방해가 되기도 한다

예) 조기 교육을 하면 여러 가지 어려움을 겪을 수 있다.
조기 교육은 아이의 흥미를 잃게 하여 학습에 방해가 되기도 한다.

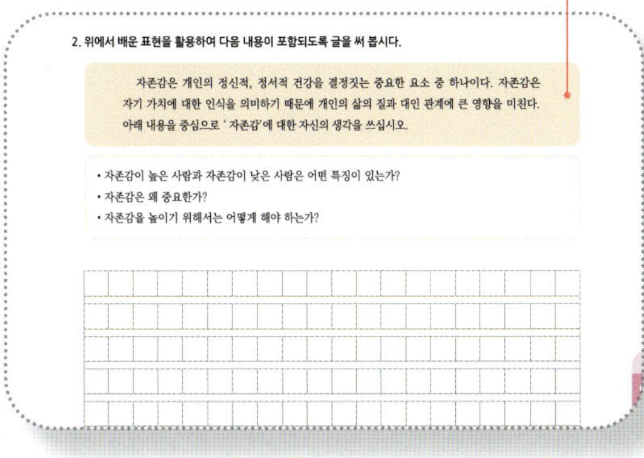

2. 위에서 배운 표현을 활용하여 다음 내용이 포함되도록 글을 써 봅시다.

자존감은 개인의 정신적, 정서적 건강을 결정짓는 중요한 요소 중 하나이다. 자존감은 자기 가치에 대한 인식을 의미하기 때문에 개인의 삶의 질과 대인 관계에 큰 영향을 미친다. 아래 내용을 중심으로 '자존감'에 대한 자신의 생각을 쓰십시오.

• 자존감이 높은 사람과 자존감이 낮은 사람은 어떤 특징이 있는가?
• 자존감은 왜 중요한가?
• 자존감을 높이기 위해서는 어떻게 해야 하는가?

활동하기

• 활동에 필요한 담화를 체계적으로 구성할 수 있도록 필요한 어휘와 표현을 구조화하여 제시하였다.

• 학생들이 서로 합심하여 상황과 목적에 맞춰 다양한 과제를 수행할 수 있도록 하였다.

08 부록

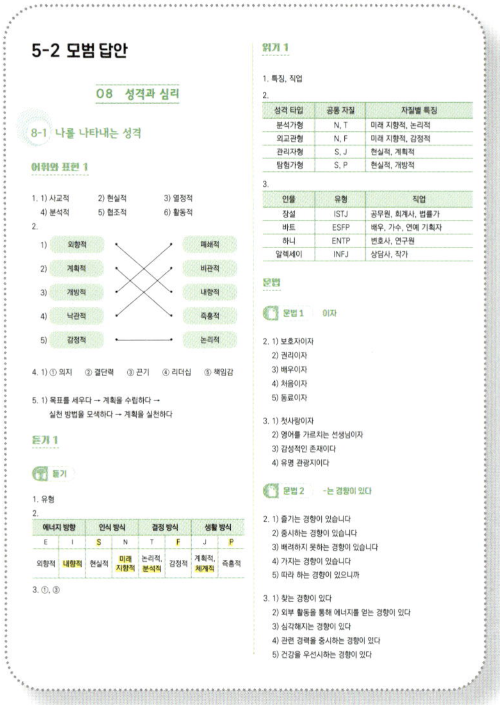
5-2 모범 답안

08 성격과 심리

8-1 나를 나타내는 성격

어휘와 표현 1

1. 1) 사교적 2) 현실적 3) 열정적
4) 분석적 5) 협조적 6) 활동적

2.
1) 외향적 2) 계획적 3) 개방적 4) 낙관적 5) 감정적
폐쇄적 비관적 내향적 즉흥적 논리적

4. 1) ① 의지 ② 결단력 ③ 끈기 ④ 리더십 ⑤ 책임감

5. 1) 목표를 세우다 → 계획을 수립하다 → 실천 방법을 모색하다 → 계획을 실천하다

듣기 1

듣기

1. 유형

2.

에너지 방향		인식 방식		결정 방식		생활 방식	
E	I	S	N	T	F	J	P
외향적	내향적	현실적	미래 지향적	논리적, 분석적	감정적	계획적, 체계적	즉흥적

3. ①, ③

읽기 1

1. 특징, 직업

2.

성격 타입	공통 자질	자질별 특징
분석가형	N, T	미래 지향적, 논리적
외교관형	N, F	미래 지향적, 감정적
관리자형	S, J	현실적, 계획적
탐험가형	S, P	현실적, 개방적

3.

인물	유형	직업
장설	ISTJ	공무원, 회계사, 법률가
바트	ESFP	배우, 가수, 연예 기획자
하니	ENTP	변호사, 연구원
알렉세이	INFJ	상담사, 작가

문법

문법 1 이자

2. 1) 보호자이자
2) 권리이자
3) 배우이자
4) 처음이자
5) 동료이자

3. 1) 첫사랑이자
2) 영어를 가르치는 선생님이자
3) 감성적인 존재이다
4) 유명 관광지이다

문법 2 -는 경향이 있다

2. 1) 즐기는 경향이 있습니다
2) 중시하는 경향이 있습니다
3) 배려하지 못하는 경향이 있습니다
4) 가지는 경향이 있습니다
5) 따라 하는 경향이 있으니까

3. 1) 찾는 경향이 있다
2) 외부 활동을 통해 에너지를 얻는 경향이 있다
3) 심각해지는 경향이 있다
4) 관련 경력을 중시하는 경향이 있다
5) 건강을 우선시하는 경향이 있다

듣기 대본

교재 내 듣기 활동에서 다룬 텍스트를 듣기 대본으로 정리하여 제시하였다.

모범 답안

어휘와 표현, 듣기와 읽기, 문법 등 각 영역의 문제에 대한 답을 제공하였다.

mp3 목록

듣기 음원의 번호를 단원과 영역, 쪽수에 맞춰 정리하여 제시하였다.

순화어 목록

국립국어원의 '우리말 다듬기' 누리집을 참고하여, 교재 내 외래어와 신조어를 보다 순화된 표현으로 정리하여 제공하였다.

참고 자료

교재에서 참고한 자료의 출처와 수업 시간에 활용 가능한 실제 자료 등을 정리하여 제공하였다.

09 별책 부록

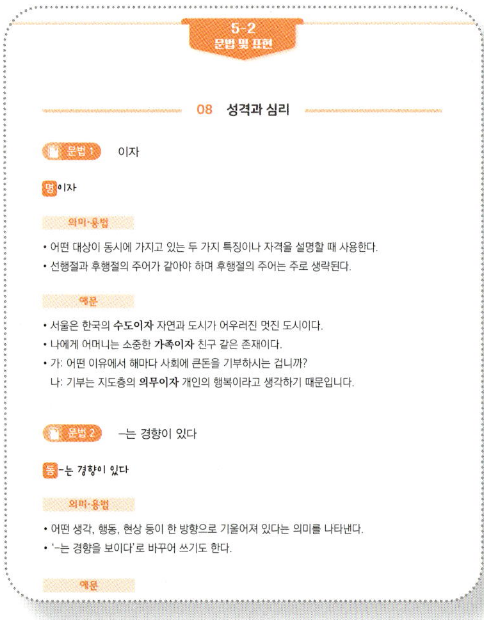
5-2 문법 및 표현

08 성격과 심리

문법 1 이자

명 이자

의미·용법

• 어떤 대상이 동시에 가지고 있는 두 가지 특징이나 자격을 설명할 때 사용한다.
• 선행절과 후행절의 주어가 같아야 하며 후행절의 주어는 주로 생략된다.

예문

• 서울은 한국의 **수도이자** 자연과 도시가 어우러진 멋진 도시이다.
• 나에게 어머니는 소중한 **가족이자** 친구 같은 존재이다.
• 가: 어떤 이유에서 해마다 사회에 큰돈을 기부하시는 겁니까?
나: 기부는 지도층의 **의무이자** 개인의 행복이라고 생각하기 때문입니다.

문법 2 -는 경향이 있다

동 -는 경향이 있다

의미·용법

• 어떤 생각, 행동, 현상 등이 한 방향으로 기울어져 있다는 의미를 나타낸다.
• '-는 경향을 보이다'로 바꾸어 쓰기도 한다.

예문

문법 해설

목표 문법에 대한 해설을 제공하였다. 문법의 의미와 용법, 제약 조건을 다양한 예문과 함께 제시함으로써, 학습자가 문법을 보다 깊이 이해하고 오류 발생을 최소화할 수 있도록 하였다.

어휘·표현 목록

각 영역에서 학습한 어휘와 표현을 교재의 학습 순서에 맞춰 체계적으로 정리하였다. 특히 학습자의 이해를 돕기 위해 속담, 연어, 숙어 등을 관련된 표현과 함께 묶어 제시하였다.

목차

국민한국어 5-2 교재 구성

단원		과	어휘·표현	듣기
8	성격과 심리	8-1 나를 나타내는 성격	성격 및 자질 관련 표현	성격 검사에 관한 미디어 영상
		8-2 나를 존중하는 마음	자존감 관련 표현	자존감 향상에 관한 토크 콘서트
9	동물과 식물	9-1 동물과 인간의 공존	동물 관련 표현	생태 통로에 관한 공익 방송
		9-2 신비한 식물의 세계	식물 관련 표현	반려 식물에 관한 인터뷰
10	생각과 가치관	10-1 한국인의 눈치 문화	인식과 눈치 관련 표현	눈치 문화에 관한 발표
		10-2 고정 관념과 편견	가치관 및 고정 관념 관련 표현	차별 문제에 관한 집담회
11	과학과 생활	11-1 우리의 생활과 과학	AI 기술과 발명 관련 표현	발명품에 관한 내레이션
		11-2 우주 과학 기술	우주 탐사 관련 표현	누리호에 관한 인터뷰
12	시대와 인물	12-1 다산 정약용	민원 및 공직 관련 표현	행정 서비스에 관한 인터뷰
		12-2 바람직한 인간상	공익 및 축사 관련 표현	시민상 수여에 관한 축사 및 수상 소감
13	경제생활	13-1 기업의 판매 전략	경제 관련 표현	경제에 관한 라디오 뉴스
		13-2 합리적인 소비 생활	소비 및 돈 관련 표현	합리적인 소비 방법에 관한 담화
14	문화와 예술	14-1 K로 문화를 말하다	문화 관련 표현	케이 푸드에 관한 뉴스
		14-2 예술로 일상을 말하다	예술 관련 표현	일상 속 예술 활동에 관한 대담

	읽기	문법	활동
	진로에 관한 상담 자료	이자 -는 경향이 있다	문제 해결 글쓰기
	자존감에 관한 신문 칼럼	-(으)려고 들다 -아/어 내다	
	동물원 존폐에 관한 독자 투고	-는 등 -는/(으)ㄴ 탓에	동물 보호 안내문 만들기
	실내 식물에 관한 식물도감	-답니다 -기에 앞서	
	눈치 문화에 관한 설명문	-는 바와 같이 -고도	설문 조사 후 결과 발표하기
	고정 관념에 관한 칼럼	에서 비롯되다 -(으)ㄹ지라도	
	미래 생활에 관한 설명문	외에 -다고 해도 과언이 아니다	토론하기 2
	우주 과학 기술에 관한 잡지 글	(으)로 하여금 -다기에	
	다산 정약용에 관한 평전	-(으)ㄴ 이래 -는 내내	수상 소감 발표하기
	용감한 시민에 관한 신문 기사	-(으)라고 만으로도	
	행동경제학에 관한 글	-는 셈이다 -지 않을까 하다	기획안 발표하기
	소비 유형에 관한 개론서	-는/(으)ㄴ 가운데 -기가 무섭게	
	케이 컬처에 관한 칼럼	에 달하다/그치다 을/를 바탕으로	인용하여 보고서 쓰기
	예술의 기원에 관한 전공서	에서 기인하다 -는/(으)ㄴ 감이 있다	

08

성격과 심리

8-1 / 나를 나타내는 성격

어휘·표현 1	성격 및 자질 관련 표현
듣기 1	성격 검사에 관한 미디어 영상
읽기 1	진로에 관한 상담 자료
문법	이자, -는 경향이 있다

8-2 / 나를 존중하는 마음

어휘·표현 2	자존감 관련 표현
읽기 2	자존감에 관한 신문 칼럼
듣기 2	자존감 향상에 관한 토크 콘서트
문법	-(으)려고 들다, -아/어 내다

활동 문제 해결 글쓰기

한국어기초사전

↓ 사전 내려받기 | 가 | 가

성격 (性格) ★★★

발음 [성:껵]

활용 성격이[성:껴기], 성격도[성:껵또], 성격만[성:꼉만]

파생어 성격적

품사 「명사」

1. 개인이 가지고 있는 고유한 성질이나 품성.

- 긍정적인 **성격**.
- 낙천적인 **성격**.
- 대범한 **성격**.
- 독립적인 **성격**.
- 비관적인 **성격**.
- 언니는 **성격**이 적극적인 반면 나는 소극적인 **성격**을 타고났다.
- 삼촌은 어디를 가나 사교적이고 **성격**이 좋다는 말을 많이 듣는다.
- 가: 유민이는 여성스러운 외모와는 다르게 씩씩한 면이 있어요.
  나: 맞아요. **성격**이 좀 강하고 독립적인 편이에요.

더 보기 ⌄

〈출처: 한국어기초사전〉

1. 사전에서 '성격'을 검색해 보고, 그 의미를 한국어로 설명해 보십시오.

2. 성격을 나타내는 단어를 생각나는 대로 말해 보십시오.

3. 우리 반 학생들은 어떤 성격이라고 생각합니까?

8-1 나를 나타내는 성격

어휘와 표현 1

1. 성격과 관련된 표현을 알아보고, 알맞은 단어를 골라 문장을 완성하십시오.

사교적	협조적	현실적	분석적	열정적	활동적

1) 민준이는 ________________이라 처음 만나는 사람들과도 쉽게 친해진다.
2) ________________으로 생각해 보면 이번 시험에 합격하기는 어려울 것 같다.
3) 그 선생님은 항상 ________________으로 학생들을 가르쳐서 언제나 인기가 많다.
4) 어려운 수학 문제를 해결하기 위해서는 ________________ 사고력이 필요하다.
5) 오랜 시간 경쟁 관계에 있던 두 회사는 앞으로 ____________인 관계를 맺기로 했다.
6) 나는 축구와 같이 ____________인 취미보다 머리를 쓰는 바둑이나 게임을 좋아한다.

2. 반대 의미를 가지는 표현끼리 연결하십시오.

1)	외향적 •	• 폐쇄적
2)	계획적 •	• 비관적
3)	개방적 •	• 내향적
4)	낙관적 •	• 즉흥적
5)	감정적 •	• 논리적

3. 함께 이야기해 보십시오.

1) 여러분은 현재 열정적으로 하고 있는 일이 있습니까?
2) 협조적인 반 분위기를 만들기 위해서는 어떤 노력이 필요합니까?
3) 여러분은 계획적인 여행과 즉흥적인 여행 중에서 어떤 것을 선호합니까?

4. 능력 및 자질과 관련된 표현을 알아봅시다.

1) 알맞은 단어를 골라 쓰십시오.

책임감	결단력	의지	끈기	리더십

① ( ) 어려운 일이라도 그 일을 이루고자 하는 마음 예 굳은 ________

② ( ) 어려운 일을 빠르고 효과적으로 결정하는 능력 예 빠른 ________

③ ( ) 쉽게 포기하지 않고 계속해서 참고 견디는 성질 예 ________ 있게 노력하다

④ ( ) 어떤 집단을 이끌어 가는 지도자로서의 능력 예 타고난 ________

⑤ ( ) 맡아서 해야 할 일이나 의무를 중요하게 여기는 마음 예 막중한 ________

2) 함께 이야기해 보십시오.

① 책임감 없는 행동에는 어떤 것이 있습니까?
② 여러분은 의지가 약해질 때 어떻게 합니까?
③ 끈기가 부족해서 실패한 경험이 있습니까?
④ 우리 반에서 누가 리더십이 뛰어난 것 같습니까?

5. 목표와 관련된 표현을 알아봅시다.

1) 목표를 달성하기 위해서 어떻게 해야 하는지 순서대로 쓰십시오.

계획을 수립하다	목표를 달성하다	계획을 실천하다	실천 방법을 모색하다	목표를 세우다

( ) → ( ) → ( ) → ( ) → 목표를 달성하다

2) 여러분은 남은 학기 동안 어떤 목표를 세우겠습니까?

3) 그 목표를 달성하려면 어떤 노력이 필요합니까?

듣기 1

준비하기

1. 다음 QR 코드에 접속해서 성격 검사를 해 보십시오.

2. 스스로 알고 있었던 성격과 성격 검사 결과가 비슷합니까? 다릅니까?

〈출처:16personalities〉

듣기

● 성격 검사에 관한 미디어 영상을 보고 질문에 답하십시오. 08-1

1. 무엇에 대해 이야기하고 있습니까?

MBTI의 성격 ______ 과 특징

2. 다음 표를 완성하십시오.

에너지 방향		인식 방식		결정 방식		생활 방식	
E	I		N	T		J	
외향적		현실적		논리적,	감정적	계획적,	즉흥적

3. 들은 내용과 같은 것을 모두 고르십시오.

① 진로를 결정할 때 MBTI 검사 결과를 활용할 수 있다. ☐
② 'I' 형은 타인과 시간을 공유하는 것을 즐긴다. ☐
③ 'F' 형은 다른 사람의 감정을 배려하는 특징을 가진다. ☐
④ 'P' 형은 정해 놓은 방식대로 일을 처리하는 것을 선호한다. ☐

4. 들은 내용을 정리해서 말해 보십시오.

읽기 1

준비하기

● 그림을 보면서 이야기해 보십시오.

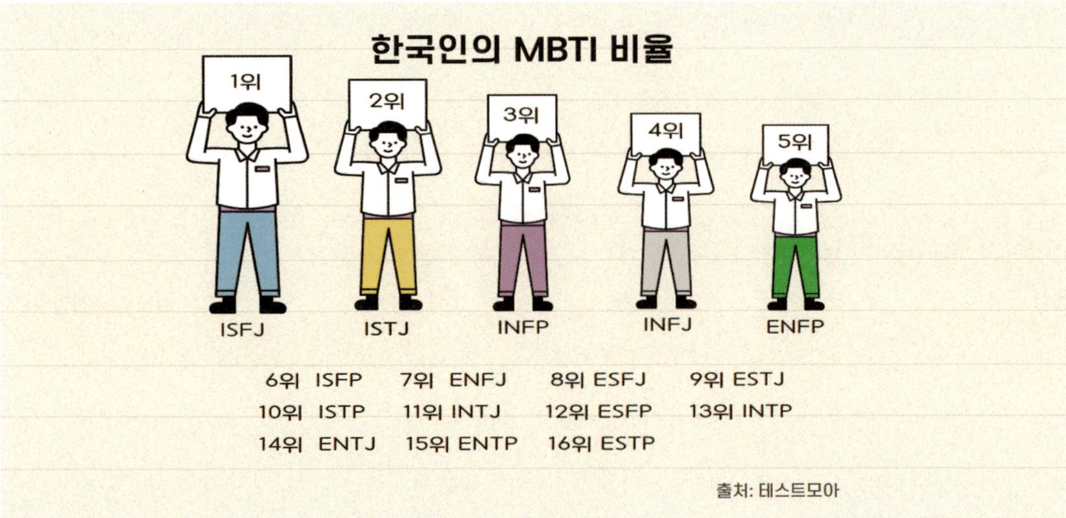

1. 한국인에게 가장 많이 나타나는 MBTI 유형은 무엇입니까?
2. 그 유형을 앞에서 알아본 네 가지 기준으로 설명해 봅시다.
3. 여러분의 성격 유형은 몇 위에 해당합니까?

읽기

● 상담 자료를 읽고 질문에 답하십시오.

MBTI를 활용한 진로 상담지

목적

MBTI를 통해 성격의 특징을 알아본다.
검사 결과를 반영하여 성격에 어울리는 직업을 알아본 후 진로 상담에 활용한다.

4가지 성격 타입

분석가형	외교관형	관리자형	탐험가형
INTJ INTP ENTJ ENTP	INFJ INFP ENFJ ENFP	ISTJ ISFJ ESTJ ESFJ	ISTP ISFP ESTP ESFP

① 분석가형 공통 자질: N, T (미래 지향적, 논리적)		
유형	특징	어울리는 직업
INTJ	독립적이고 목표를 수립하면 반드시 달성하고자 함. 계획 수립과 실행하는 능력이 뛰어남.	최고 경영자, 경영 자문가
INTP	분석적이고 독창적임. 기본 개념을 활용하여 새로운 아이디어를 추구함.	과학자, 철학자
ENTJ	현실적이고 체계적이며 효율적임. 책임감이 강하고 계획을 세우는 것을 좋아함.	대통령, 정치인, 군인
ENTP	새로운 아이디어를 추구하며, 열정적이고 논쟁을 좋아함. 문제 해결을 위해 다양한 방법을 모색함.	변호사, 연구원

② 외교관형 공통 자질: (　　), (　　) (미래 지향적, 감정적)		
유형	특징	어울리는 직업
INFJ	통찰력이 뛰어나며 타인의 감정에 민감함. 신념과 열정이 강함.	상담사, 작가
INFP	창의적이며 감성적임. 자아 찾기와 타인을 돕는 것에 관심이 있음.	작가, 예술 치료사
ENFJ	동정심이 많고, 타인에게 긍정적인 영향을 주고자 함. 리더십이 있음.	교육자, 정신과 의사
ENFP	사람과의 관계를 중시함. 열정적이며 새로운 것에 관심이 많음.	언론인, 예술 감독

③ 관리자형 공통 자질: (　　), (　　) (현실적, 계획적)		
유형	특징	어울리는 직업
ISTJ	현실적이고 체계적으로 문제를 해결하려고 함. 신중하게 결정하려는 경향을 보임.	공무원, 회계사, 법률가
ISFJ	사교적이고 협조적인 경향이 있음. 타인의 필요를 잘 파악하고 도움을 주고자 함.	간호사, 교사, 사회 복지사
ESTJ	목표 지향적이고 현실적임. 엄격하고 규칙을 중시함.	약사, 판사, 군인
ESFJ	사교적이며 타인의 감정에 섬세하게 반응함. 상호 작용을 중시함.	교사, 의사, 의사소통 전문가

④ 탐험가형 공통 자질: (　　), (　　) (현실적, 개방적)		
유형	특징	어울리는 직업
ISTP	논리적이고 문제 해결 능력이 뛰어남. 현실적이고 경험을 중시하는 경향이 있음.	운동선수, 조종사
ISFP	예술적이고 감성적이며 창의적인 표현을 즐김. 개인적인 가치와 미적 감각을 중시함.	예술가, 디자이너, 화가
ESTP	활동적이고 현실적이지만 때로 위험한 일을 즐기기도 함. 어려운 일을 당해도 빠르게 해결할 수 있음.	소방관, 경찰관
ESFP	사교적이고 감성적이며 즉흥적임. 활기찬 활동을 즐김.	배우, 가수, 연예 기획자

1. 이 글을 쓴 목적은 무엇입니까?

성격 유형별 ( ) 과 어울리는 ( ) 을 알아보기 위해

2. 다음 표를 완성하십시오.

성격 타입	공통 자질	자질별 특징
분석가형	N, T	미래 지향적, 논리적
외교관형		
관리자형		
탐험가형		

3. 다음과 같은 성격을 가진 사람에게는 어떤 직업을 추천해 주면 좋을까요?

인물	성격	유형	직업
 장설	저는 관리자형에 해당되는데요. 어떤 일을 선택할 때 오랫동안 고민하고 결정을 내리는 편이에요. 문제가 생기면 현실적으로 가능한 방법을 찾으려고 하고요.		
 바트	저는 탐험가형이어서 새로운 사람들을 만나는 것을 좋아해요. 계획 없이 갑자기 즉흥적으로 여행을 떠나기도 해요. 등산이나 서핑 등 야외 활동도 즐겨요.		
 하니	저는 분석가형인데요. 새로운 아이디어를 내는 것을 좋아해요. 사람들과 논쟁하며 이야기하는 걸 즐기죠. 다양한 방법을 활용해서 문제를 해결하는 능력이 있어요.		
 알렉세이	저는 외교관형에 속하는데요. 통찰력이 좋다는 소리를 많이 들어요. 신념과 열정이 강한 편이기도 해요.		

4. 다음 표현을 이용하여 읽은 내용을 정리해서 말해 보십시오.

성격 유형	분석가형	외교관형	관리자형	탐험가형
유형과 직업	ENTJ	INFP	ESTJ	ISFP

5. 함께 이야기해 보십시오.

1) 여러분은 성격 검사 결과를 믿는 편입니까?
2) 여러분의 성격 유형에는 어떤 직업이 어울린다고 합니까?
3) 그 직업은 여러분이 선호하는 직업입니까?

문법

문법 1 이자

1. 다음 문법의 의미를 생각해 봅시다.

- MBTI는 성격을 알아보는 **심리학 검사이자** 진로를 결정할 때도 활용되는 도구이다.
- 내 성격의 **장점이자** 단점은 입이 무겁고 말수가 적다는 점이다.
- 나는 **처음이자** 마지막으로 부모님께 거짓말을 하기로 했다.

2. 알맞은 것을 골라 써 봅시다.

보기	권리	✓보호자	배우	동료	처음

1) 아버지께서 돌아가신 후 오빠는 동생들의 보호자이자 부모 같은 존재가 되었다.

2) 교육은 국민의 ________________ 의무이기 때문에 중요하다.

3) 그 사람은 연기력이 뛰어난 ________________ 사진작가로도 활동하고 있다.

4) 이번 올림픽은 김민아 선수의 ________________ 마지막 국제 대회가 되었다.

5) 민수는 나의 회사 ________________ 고민이 있을 때 상담해 주는 오래된 친구이다.

3. 다음과 같이 문장을 완성해 봅시다.

1) 너는 나에게 첫사랑이자 마지막 사랑으로 기억될 것이다.

2) 나는 ________________ 한국어를 공부하는 학생이다.

3) 인간은 이성적인 존재이자 ________________.

4) 파리는 프랑스의 수도이자 ________________.

4. 함께 이야기해 봅시다.

1) 여러분 성격의 장점이자 단점은 무엇입니까?

2) 친구이자 가족이나 다름없는 사람이 있습니까?

3) 여러분 나라의 수도는 어떤 특징이 있습니까?

4) 여러 분야에서 성공을 거둔 사람이 있습니까?

문법 2 -는 경향이 있다

1. 다음 문법의 의미를 생각해 봅시다.

- ISTP형은 현실적이고 경험을 중시하는 경향이 있다.
- ISFJ 형은 사교적이고 협조적인 경향이 있다.
- 요즘 사람들은 일의 과정보다 결과를 중요시하는 경향을 보인다.

2. 알맞은 것을 골라 말해 봅시다.

보기	가지다	✓즐기다	따라 하다	중시하다	배려하지 못하다

1) 내향적인 성격을 가진 사람들은 혼자 있는 시간을 즐기는 경향이 있습니다.
2) 과거에는 가격을 중시했지만 요즘은 디자인을 ________________.
3) 사람들은 가깝고 편한 사이일수록 상대방을 ________________.
4) 비슷한 환경에서 자란 사람들은 일반적으로 비슷한 가치관을 ________________.
5) 아이들은 부모의 말을 그대로 ________________ 부모들은 말조심을 해야 합니다.

3. 다음과 같이 문장을 완성해 봅시다.

1) 사람들은 스트레스를 많이 받으면 단 음식을 찾는 경향이 있다.
2) 외향적인 성격을 가진 사람은 일반적으로 ________________.
3) 대도시에 인구가 많아지면서 주거 문제가 ________________.
4) 최근 들어 신입 사원을 채용할 때 대학 성적보다 ________________.
5) 요즘 사람들은 먹거리를 선택할 때 맛도 중요하지만 ________________.

4. 함께 이야기해 봅시다.

1) 여러분은 스트레스를 받으면 주로 어떻게 해결합니까?
2) 요즘 젊은 사람들은 결혼에 대해서 어떻게 생각합니까?
3) 부모님 세대와 여러분 세대는 직업을 선택할 때 어떤 것을 우선적으로 고려합니까?

8-2 나를 존중하는 마음

어휘와 표현 2

1. 나를 대하는 마음과 관련된 표현을 알아봅시다.

자존감	자신감	자존심
있는 그대로의 나를 존중하는 마음	어떤 일을 충분히 할 수 있다고 믿는 마음	타인에게 존중받고자 하는 마음

1) 자존감, 자신감, 자존심의 차이는 무엇입니까?

2) 〈보기〉에서 알맞은 단어를 골라 쓰십시오.

보기	낮다	세다	넘치다	버리다	떨어지다

① 자신감 — 자신감이 ______________ ↔ 자신감이 부족하다

② 자존감 — 자존감이 높다 ↔ 자존감이 ______________
자존감이 올라가다 ↔ 자존감이 ______________

③ 자존심 — 자존심이 강하다 = 자존심이 ______________
자존심을 지키다 ↔ 자존심을 ______________

3) 함께 이야기해 보십시오.

① 여러분은 자존감이 높은 편이라고 생각합니까?
② 언제 자신감이 넘치는 태도가 필요하다고 생각합니까?
③ 다른 사람을 위해서 자존심을 버린 적이 있습니까?

2. 자존감과 관련된 표현을 알아보고, 알맞은 표현을 골라 쓰십시오.

자신의 가치를 인정하다　　자신의 가치를 낮게 여기다
망설이다　　시도하다　　상처를 받다　　너그럽게 이해하다

상황	자존감이 높은 사람	자존감이 낮은 사람
자기 자신을 바라볼 때		
새로운 일을 해야 할 때		
부정적 평가를 받았을 때		

3. 함께 이야기해 보십시오.

1) 여러분은 시도하고 싶지만 망설이는 일이 있습니까?
2) 다른 사람에게 상처를 받은 경험이 있습니까? 무슨 일 때문이었습니까?
3) 여러분은 다른 사람의 잘못을 너그럽게 이해하고 넘어가는 편입니까?

4. 심리를 나타내는 어휘를 알아봅시다.

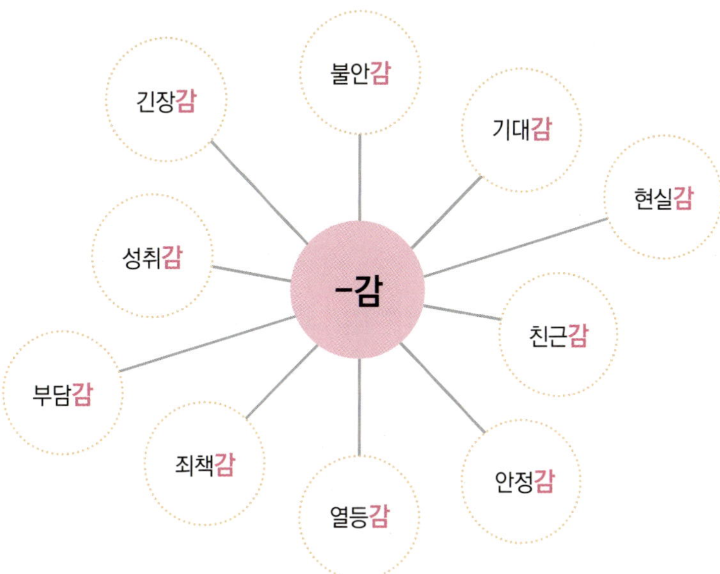

1) 긍정적인 영향을 끼치는 심리에는 어떤 것이 있습니까? 왜 그렇게 생각합니까?
2) 부정적인 영향을 끼치는 심리에는 어떤 것이 있습니까? 왜 그렇게 생각합니까?
3) 다른 사람에게 친근감을 표현하는 방법에는 어떤 것이 있습니까?
4) 여러분은 성취감을 느꼈던 적이 있습니까? 어떤 일이었습니까?

읽기 2

준비하기

● 자존감 테스트를 하고 이야기해 보십시오.

자존감 테스트

각 문항에 해당하는 부분을 체크하고 점수를 더해 주세요.

점수 전혀 아니다 1점 대체로 아니다 2점 대체로 그렇다 3점 매우 그렇다 4점

1 나는 다른 사람만큼 가치가 있는 사람이다.
2 나는 큰 어려움 없이 스스로 결정할 수 있다.
3 나는 장점을 많이 가지고 있는 사람이다.
4 나는 다른 사람들만큼 일을 해낼 수 있다.
5 나는 행복한 사람이다.
6 나는 나 자신에 대해 잘 알고 있다.
7 나는 쉽게 포기하지 않는다.
8 나를 좋아해 주는 사람이 주변에 많다.
9 나는 스스로에 대해 긍정적인 태도를 가진다.
10 나는 현재 내가 하는 일에 만족한다.

10~19점 자존감 낮음

다른 사람의 시선을 굉장히 신경 쓰며 자신에 대한 지나친 요구로 끊임없이 스스로에게 상처를 입혀요.

20~29점 자존감 보통

자신이 가치 있다고 생각하면서도 타인의 평가를 중시하는 경향이 있어서 고민하는 상황이 자주 발생해요.

30점 이상 자존감 높음

건강하고 바람직한 자존감을 가졌어요. 매사에 자신감이 넘치고 자신이 사랑받을 가치가 있다고 느껴요.

1. 여러분의 점수는 몇 점입니까?
2. 검사 결과로 볼 때 자존감이 무엇이라고 생각합니까?

읽기

● 신문 칼럼을 읽고 질문에 답하십시오.

우리 삶에서 자존감이 왜 중요한가?

'자존감'이란 자신의 품위를 지키고 존중하는 마음으로, 내가 사랑받을 만한 가치가 있는 소중한 존재라고 믿는 마음을 말한다. 자존감은 '자아 존중감'이라고도 부르는데 스스로를 평가하고 인식하는 데 영향을 미치는 중요한 개념이다.

자존감이 높은 사람은 몇 가지 두드러진 특징을 가진다. 자신을 긍정적으로 바라보기 때문에 자신의 가치를 인정하며 존중하려는 마음이 크다. 또한 높은 자존감을 가진 사람들은 자신의 강점을 잘 알고 있어서 새롭게 시도하는 것을 두려워하지 않는다. 실패를 하더라도 이것을 성장의 기회로 삼아 자신을 더 발전시키는 데 활용한다. 이렇게 긍정적인 자존감을 가진 사람들은 자신의 생각과 감정을 자유롭게 표현하고 주변과 소통하는 것에 능숙하다. 이러한 태도는 원만한 대인 관계를 형성하는 데 도움이 된다.

이와 달리 자존감이 낮은 사람은 자신의 가치를 낮게 여기고, 스스로를 부족한 사람이라고 생각하는 경향이 있다. 이들은 낯선 상황에 부정적으로 반응하고 실패를 두려워한다. 그래서 새로운 일에 도전하기보다는 망설이거나 피하려고 든다. 낮은 자존감을 가진 사람들은 자신의 의견이나 감정을 표현하는 것에 서툴기 때문에 소통에 어려움을 겪기도 한다. 이로 인해 대인 관계에서 불편을 느낄 때가 많다.

자존감은 자기 자신뿐만 아니라 세상을 이해하고 받아들이는 데에도 큰 영향을 미친다. 즉 자존감이 안정적으로 형성되어야 자기 자신을 올바르게 인식할 수 있고, 타인과도 원만한 관계를 맺을 수 있다. 그러므로 나의 삶에 자존감이 얼마나 중요한지를 다시 한번 인식하고 자존감을 키우기 위해 노력할 필요가 있다.

1. 무엇에 대해 이야기하고 있는지 고르십시오.

① 자존감이 높은 사람과 자존감이 낮은 사람의 공통점 □

② 자존감이 높은 사람과 자존감이 낮은 사람의 차이점 □

2. 다음 표를 완성하십시오.

유형	특징
자존감이 높은 사람	자신의 가치를 인정하며 ______려는 마음이 큼.
	새로운 ______를 두려워하지 않음.
자존감이 낮은 사람	자신의 가치를 ______게 여김.
	새로운 일을 만나면 ______거나 피하려고 함.

3. 읽은 내용과 같은 것을 모두 고르십시오.

① 자존감이 높을수록 스스로 소중한 존재라고 믿는 마음이 크다. □

② 자존감이 높은 사람은 실패한 경험을 자기 발전의 기회로 활용한다. □

③ 자존감이 낮으면 익숙하지 않은 환경에 부정적인 반응을 보인다. □

④ 원만한 대인 관계를 형성하는 데 자존감은 영향을 미치지 않는다. □

4. 읽은 내용을 정리해서 말해 보십시오.

듣기 2

준비하기

● 안내문을 보면서 질문에 답하십시오.

1. 토크 콘서트의 주제는 무엇입니까?
2. 토크 콘서트는 언제, 어디에서, 누가 진행합니까?

듣기 2-1

● 고민 사연을 듣고 질문에 답하십시오. 08-2

1. 다음 표를 완성하십시오.

	토크 콘서트 내용
사연자	____에 다니고 있는 ____ 청년
고민 사연	낮은 ____ 때문에 고민이다.
궁금한 점	자존감을 ____는 방법

2. 들은 내용과 같은 것을 모두 고르십시오.

① 사연자는 학교에 다닐 때 공부를 잘하는 편이었다. □

② 사연자는 어려운 가정 환경 탓에 자존감이 낮아졌다. □

③ 사연자는 자신에 대한 기대치가 높지 않다. □

④ 사연자의 문제는 연애 관계에 부정적인 영향을 미치고 있다. □

듣기 2-2

● **토크 콘서트를 듣고 질문에 답하십시오.** 08-3

1. 무엇에 대해 이야기하고 있는지 고르십시오.

① 자존감 향상에 도움이 되는 책 □

② 자존감 회복에 성공한 사람들의 사연 □

③ 쉽게 실천할 수 있는 자존감 향상 방법 □

2. 알맞은 것을 연결하십시오.

(　　　)기 쉬운 목표 세우기 •	• 공원에 버려진 쓰레기를 주워서 휴지통에 버린 나, 정말 최고야.
한 줄 (　　　) 쓰기 •	• 열심히 일했으니까 오랫동안 갖고 싶었던 운동화를 사야지.
나를 위한 (　　　)하기 •	• 매일 아침 우리 반 친구들에게 내가 먼저 인사해야지.

3. 묻고 대답하십시오.

1) 거창한 목표보다 작은 목표를 세워야 하는 이유는 무엇입니까?

2) 스스로 칭찬하는 것은 자존감 향상에 어떤 도움이 됩니까?

3) 자신을 위한 소비에는 어떤 것들이 있습니까?

4. 다음 표현을 이용하여 들은 내용을 정리해서 말해 보십시오.

작은 목표	달성하다 　 성취감이 쌓이다 　 자존감 향상
칭찬 일기	사소한 일 　 강점 　 좋은 경험 　 되돌아보다
나를 위한 소비	스스로 　 만족을 주다 　 베푸는 행위

5. 함께 이야기해 봅시다.

1) 달성하기 쉬운 작은 목표를 만들어 봅시다.

- 목표 1
- 목표 2
- 목표 3

2) '한 줄 칭찬 쓰기'를 해 봅시다.

장설

•칭찬받을 행위: 포기하지 않고 산 정상에 올랐다.

힘들었는데도 포기하지 않고
산 정상에 오르다니,
난 정말 끈기가 있는 사람이야!

•칭찬받을 행위:

3) 스스로를 만족시킬 수 있는 작은 소비에 대해 이야기해 봅시다.

전달력 향상하기

발음에 주의하면서 읽어 보십시오.

1) 칭찬할 만한 행동을 떠올려 보고, 칭찬의 말을 덧붙이면 됩니다.
2) '버스에서 자리를 양보하다니 난 정말 친절한 사람이야.'와 같이 말이에요.
3) 사람들이 엘리베이터에 타자마자 문이 자동으로 닫혔다.

문법

문법 3 -(으)려고 들다

1. 다음 문법의 의미를 생각해 봅시다.

- 자존감이 낮은 사람은 새로운 일에 도전하지 않고 망설이거나 피하려고 든다.
- 남동생들은 사춘기가 되면 보통 누나를 가볍게 보고 이기려고 들어요.
- 저렴한 물건인데도 무조건 값을 깎으려고 드는 손님들 때문에 피곤할 때가 많다.

2. 알맞은 것을 골라 말해 봅시다.

보기	먹다	물다	✔ 속이다	외우다	피하다

1) 그렇게 나를 속이려고 들면 내가 모를 줄 알았어요?
2) 남자 친구는 결혼 얘기만 나오면 자리를 ______________.
3) 아이가 채소는 먹지 않고 고기만 ______________ 걱정이에요.
4) 우리 집 강아지는 낯선 사람만 보면 ______________ 큰일이에요.
5) 시험 볼 때 단어만 ______________ 안 돼. 전체적인 내용을 이해할 필요가 있어.

3. 다음과 같이 문장을 완성해 봅시다.

1) 그 사람은 대화할 때마다 싸우려고 들어서 말을 하기 싫어진다.
2) 철수는 일을 꼼꼼하게 하기보다는 빨리 ______________ 실수를 자주 한다.
3) 여자 친구는 위험하다는 이유로 내가 오토바이 타는 것을 ______________.
4) 친구가 나를 ______________ 나는 거짓말이라는 것을 이미 알고 있었다.

4. 함께 이야기해 봅시다.

1) 여러분은 사춘기 시절에 어땠습니까? 예 거부하다, 비판하다, 피하다 등
2) 여러분 주변에 싸우려고만 들거나 이기려고만 드는 사람이 있습니까?
3) 거짓말을 자주 하고 남을 속이려고 드는 사람을 본 적이 있습니까?

문법 4 -아/어 내다

1. 다음 문법의 의미를 생각해 봅시다.

- 스스로 노력해서 목표를 **이뤄 내면** 성취감을 느낄 수 있다.
- 포기하지 않는 마음이 결국 기적을 **만들어 낸다.**
- 배우 김세빈 씨는 이혼의 아픔을 **이겨 내고** 영화계로 다시 돌아왔다.

2. 알맞은 것을 골라 써 봅시다.

보기	받다	뜯다	참다	✔만들다	생각하다

1) 마라톤 선수는 포기하지 않고 달려 금메달이라는 기적을 만들어 냈다.
2) 수진이는 참기 힘든 고통을 잘 ____________________.
3) 현관문 열쇠를 아무리 찾아도 없어서 결국 손잡이를 ____________________.
4) 그 사람의 이름이 기억나지 않아 답답했는데 한 시간 만에 이름을 ____________________.
5) 본인이 잘못했으면서 사과하지 않은 친구에게 결국 사과를 ____________________.

3. 다음과 같이 신문 제목을 문장으로 바꿔 써 봅시다.

1) 한국 의학 센터, 암 발생 요인 밝혀 → 한국 의학 센터에서 암이 발생되는 요인을 밝혀냈다.

2) KM 연구팀, 오랜 연구 끝에 노화 방지 화장품 개발 → ____________________

3) 드림 탐험대, 화산 폭발로 사라진 도시 찾아 → ____________________

4) 김민재 선수, 강한 의지와 끈기로 사고 후유증 이겨 → ____________________

4. 함께 이야기해 봅시다.

1) 여러분은 이번 학기에 어떤 목표를 가지고 무엇을 해내고 싶습니까?
2) 여러분 주변에 끈기를 가지고 어려운 일을 해낸 사람이 있습니까?

활동 문제 해결 글쓰기

준비하기

● 자존감을 높이는 방법에 대해 더 알아봅시다.

자존감 수업

건강한 자존감을 가지려면?

자신을 용서하기	긍정적으로 생각하기	자기 격려하기
사소한 잘못이 인생을 크게 바꾸지 않는다. 자신을 용서하고 다시 실수하지 않기 위해 노력하는 것이 중요하다.	'잘 할 수 있다'는 마음을 가져야 어떤 힘든 상황이 와도 다시 일어설 수 있다. 실패하더라도 좌절하지 않고 노력한 것에 의미를 두자.	자신의 성과를 인정하지 못하는 자세를 버려야 한다. 자신을 과소평가하지 말고 항상 자신을 격려하고 용기를 북돋아 주는 자세가 필요하다.

내용 출처 : 네이버지식백과

1. 읽은 내용과 같은 것을 모두 고르십시오.

① 사소한 실수가 미래에 큰 영향을 미칠 수 있다. ☐
② 실패한 경험을 긍정적으로 생각해야 다시 일어설 수 있다. ☐
③ 자신을 과소평가하는 태도는 자존감 향상에 도움이 되지 않는다. ☐

2. 생활 속에서 자존감을 높일 수 있는 구체적인 실천 방법에 대해 다양한 매체에서 정보를 수집한 뒤 정리해 봅시다.

1

2

3

4

5

활동하기

1. 문제 해결 방안에 대한 글쓰기를 할 때 필요한 표현을 알아보고, 다음과 같이 써 봅시다.

1) 대상 정의하기

- (이)란 ~을/를 말한다, 일컫는다
- 은/는 ~(이)라고 정의할 수 있다

예) MBTI란 자신의 성격을 알아보는 심리학 검사를 일컫는다.

• 지구 온난화의 정의

→ ______________________________.

2) 문제점 설명하기

- -(으)면 여러 가지 어려움을 겪을 수 있다
- 은/는 ~(이)라는 점에서 문제가 된다
- 에 악영향을 미치기도 한다
- 에 방해가 되기도 한다

예) 조기 교육을 하면 여러 가지 어려움을 겪을 수 있다.
조기 교육은 아이의 흥미를 잃게 하여 학습에 방해가 되기도 한다.

• 과도한 스마트폰 사용의 문제점

→ ______________________________.

3) 개선 방안 제시하기

- -기 위해서는 -(으)ㄹ 필요가 있다
- -기 위해서는 -아/어야 하다
- -(으)려면 -는 게 좋다
- -는 것도 하나의 방법이다

예) 쓰레기 배출량을 줄이기 위해서는 일회용품 사용을 자제할 필요가 있다.
또한 잔반을 남기지 않는 것도 하나의 방법이다.

• 저출산 문제 해결 방법

→ ______________________________.

______________________________.

2. 앞에서 배운 표현을 활용하여 다음 내용이 포함되도록 글을 써 봅시다.

자존감은 개인의 정신적, 정서적 건강을 결정짓는 중요한 요소 중 하나이다. 자존감은 자기 가치에 대한 인식을 의미하기 때문에 개인의 삶의 질과 대인 관계에 큰 영향을 미친다. 아래 내용을 중심으로 '자존감'에 대한 자신의 생각을 쓰십시오.

- 자존감이 높은 사람과 자존감이 낮은 사람은 어떤 특징이 있는가?
- 자존감은 왜 중요한가?
- 자존감을 높이기 위해서는 어떻게 해야 하는가?

※ 원고지 쓰기의 예

	자	존	감	은		개	인	의		정	신	적	,		정	서	적		건
강	을		결	정	짓	는		중	요	한		요	소		중		하	나	이
다	.																		

09 동물과 식물

9-1 / 동물과 인간의 공존

9-2 / 신비한 식물의 세계

활동 동물 보호 안내문 만들기

인간과 동물의
아름다운 공존을 희망합니다.

1. 지구에는 어떤 생명들이 살고 있습니까?

2. 지구에 사는 모두가 행복하게 공존하려면 어떻게 해야 할까요?

9-1 동물과 인간의 공존

어휘와 표현 1

1. 동물의 종류와 관련된 표현을 알아봅시다.

1) 다음 동물들을 어떤 기준으로 분류할 수 있습니까?

2) 알맞은 단어를 골라 동물을 분류해 보십시오.

척추동물	변온 동물	포유류	어류	파충류	양서류

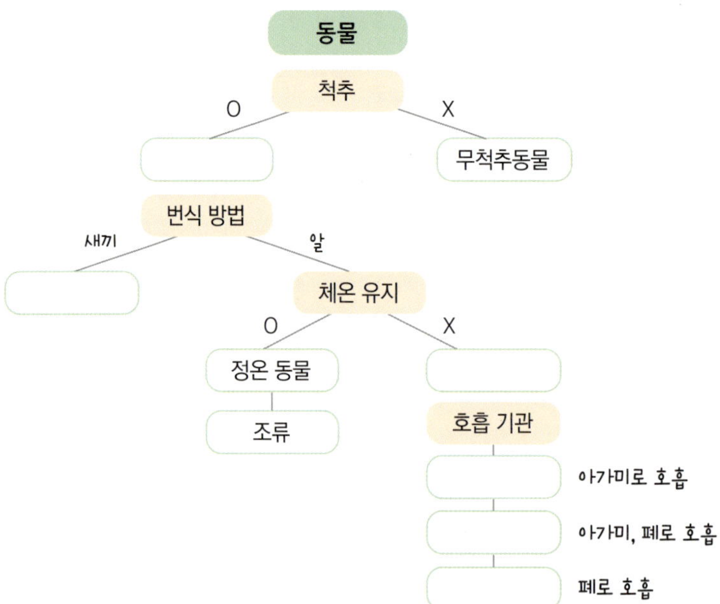

3) 함께 이야기해 보십시오.

① 다음 동물은 어느 부류에 포함됩니까?

고래

펭귄

악어

코끼리

② 사람은 어디에 포함됩니까?

③ 다음 동물의 이름을 알고 있습니까? 검색해 보고, 어느 부류에 포함되는지 알아보십시오.

2. 동물 보호와 관련된 어휘를 알아봅시다.

번식하다	공존하다	멸종되다	보호하다	훈련하다	학대하다

1) 단어의 설명으로 알맞은 것을 쓰십시오.

① ________ 지키고 보살피다

② ________ 지구상에서 완전히 없어지다

③ ________ 그 수가 늘거나 널리 퍼지다

④ ________ 다른 둘 이상이 함께 살아가다

⑤ ________ 정신적 또는 육체적으로 몹시 힘들게 하다

⑥ ________ 잘할 수 있도록 가르치거나 여러 번 연습하게 하다

2) 함께 이야기해 보십시오.

① 동물이 학대당하는 것을 본 적이 있습니까?

② 동물원에서 동물을 훈련하는 것에 대해 어떻게 생각합니까?

③ 멸종 위기에 처한 동물을 알고 있습니까? 어떤 동물이 여기에 포함됩니까?

④ 동물을 보호하기 위한 정책에는 어떤 것들이 있습니까?

3. 동물의 성질과 관련된 어휘를 알아봅시다.

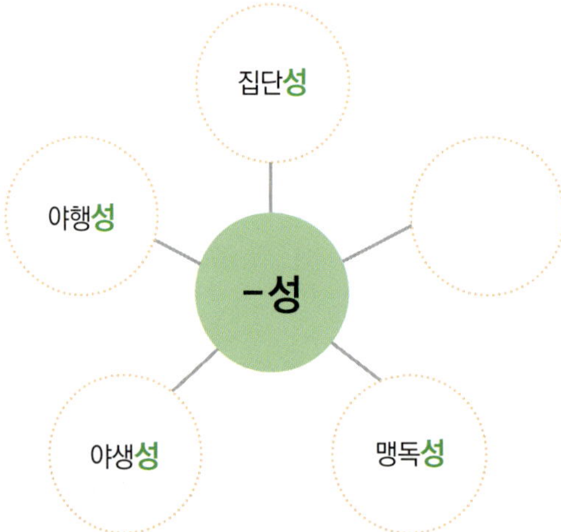

1) 단어의 설명으로 알맞은 것을 쓰십시오.

① ________ 매우 독한 성질

② ________ 낮에는 쉬고 밤에 활동하는 동물의 습성

③ ________ 여럿이 모여서 무리나 집단을 이루려는 성질

④ ________ 산이나 들에서 저절로 나서 자라는 과정에서 생긴 성질

2) 함께 이야기해 보십시오.

① 야행성 동물에는 어떤 동물이 있습니까?

② 여러분은 야생 동물에게 공격을 당한 경험이 있습니까?

③ 동물원의 동물을 야생으로 보낸다면 어떻게 될 것 같습니까?

④ 독이 있는 동물에게 물리면 어떻게 응급 처치를 해야 합니까?

듣기 1

준비하기

1. 여러분 나라에는 어떤 야생 동물이 있습니까?

2. 생태 통로 그림을 보면서 이야기해 보십시오.

1) 여러분은 생태 통로를 왜 만들었다고 생각합니까?

2) '야생 동물이 지나가고 있어요!'라는 문장은 어떤 의미인 것 같습니까?

3) 이 통로가 동물과 인간에게 주는 효과는 무엇이라고 생각합니까?

듣기

● 생태 통로에 관한 공익 방송을 듣고 질문에 답하십시오. 09-1

1. 무엇에 대해 이야기하고 있습니까?

생태 통로의 정의와

2. 들은 내용을 노트에 정리해 보십시오.

1) 동물 교통사고 발생 시기

동물의 활동이 활발해지는 ______ 부터 ______ 사이

2) 생태 통로의 정의

야생 동물이 ______ 이동하도록 ______ 으로 만든 구조물

3) 생태 통로의 이용률

평균 이용률이 ______ 배 정도 ______ 하였다.

3. 들은 내용과 같은 것을 모두 고르십시오.

① 생태 통로는 단절된 동물의 서식지를 연결하는 인공 구조물이다. ☐

② 처음 제작한 생태 통로는 소음이나 빛에 노출되었다. ☐

③ 멸종 위기 동물은 생태 통로를 거의 이용하지 않는다. ☐

④ 생태 통로를 설치하는 것만큼 관리하는 것이 중요하다. ☐

4. 들은 내용을 정리해서 말해 보십시오.

읽기 1

준비하기

1. 여러분은 동물원에 가 본 적이 있습니까?

2. 동물 쇼를 본 적이 있습니까? 동물 쇼에 대해 어떻게 생각합니까?

읽기

● 동물원 존폐에 관한 독자 투고를 읽고 질문에 답하십시오.

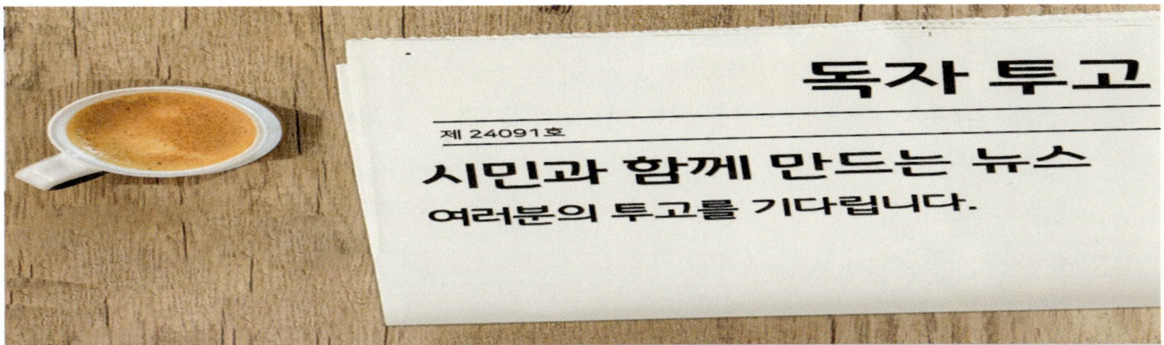

동물원, 이대로 좋은가?

우리에게 동물원은 추억의 장소로 어릴 적 아이들의 소풍이나 연인의 단골 데이트 장소였다. 동물원은 멀리 가지 않아도 야생 동물을 볼 수 있다는 기대감과 신기함이 교차하는 장소이기도 하다. 그런데 과연 동물원은 즐겁기만 한 장소일까? 절대 그렇지 않다. 동물을 보호해야 할 동물원에서 다양한 이유로 동물들이 죽어가고 있다.

돌고래가 묘기를 부리고, 코끼리가 춤을 추는 즐거운 '동물 쇼' 이면에는 동물들의 고통과 눈물이 있다. 훈련을 위해 매질을 하거나 굶기기도 하고 좁은 공간에 가두기도 한다. 심지어 쓸모가 없어지면 안락사를 시키는 경우까지 있다. 그래서 쇼에 등장하는 많은 동물들이 불안 장애를 겪는다고 한다. 돌고래가 스트레스를 받다 못해 벽에 이마를 박는 행동을 반복하다가 죽은 일도 있다.

동물원의 많은 체험 프로그램도 동물들에게는 학대가 될 수 있다. 사람들이 무분별하게 먹이를 주거나 만지는 탓에 체중이 늘고 털이 빠지거나 피부병에 걸려 고생하는 경우도 흔하다.

이처럼 동물원이 동물의 행복을 보장하지 못한다면 나는 동물원이 존재할 필요가 없다고 본다. 동물 또한 인간처럼 살아 있는 생명이며 행복할 권리가 있다. 인간과 동물이 행복하게 동행할 수 있어야 한다.

김지영(서울 성북구)

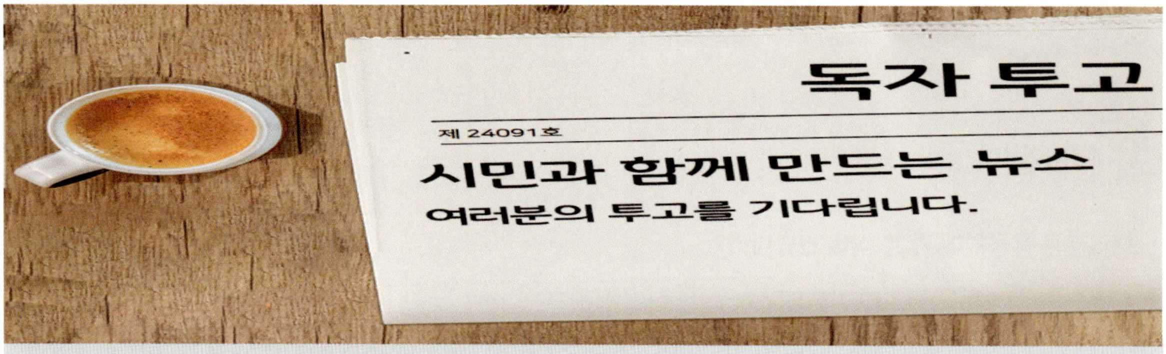

동물원, 동물과 인간이 공존하는 공간

동물원은 멸종 위기에 처한 야생 동물을 환경의 위협으로부터 보호하고 동물과 인간이 행복하게 공존할 수 있는 방법을 배우는 곳이다. 동물원은 멸종 위기 동물의 보존에 큰 역할을 하고 있다. 사불상이나 판다를 동물원에서 보호하여 멸종 위기에서 구한 것이 그 예이다. 이처럼 동물원은 적합한 생태 환경을 제공함으로써 동물이 어려움 없이 살아갈 수 있게 해 준다.

동물원은 생태 교육의 장소로도 의미가 있다. 동물원이 존재하지 않는다면 아이들이 살아 있는 동물을 눈으로 보며 가까이서 교감할 기회가 사실상 없다. 아이들은 동물원에서 직접 동물을 접하며 인간과 동물의 관계성에 대해 이해하고 생명의 소중함과 공존에 대해서 배울 수 있는 것이다.

동물원이 없었다면 벌써 지구상에서 사라진 동물도 있었을 것이다. 그리고 인간도 그 영향을 받았을지도 모른다. 나는 동물과 인간이 행복하게 공존하기 위해서는 동물원이 존재해야 한다고 생각한다.

박은혜 (한국대학교 동물복지학과)

1. 독자들이 주장하는 것을 고르십시오.

첫 번째 글	동물원을 폐지해야 한다 □	동물원을 유지해야 한다 □
두 번째 글	동물원을 폐지해야 한다 □	동물원을 유지해야 한다 □

2. 다음 표를 완성하십시오.

첫 번째 글의 근거	두 번째 글의 근거
동물 쇼의 많은 동물들은 ______를 겪는다.	______에 처한 야생 동물을 환경의 위협으로부터 보호한다.
동물원의 많은 체험 프로그램도 동물들에게는 ______가 될 수 있다.	인간과 동물의 관계성에 대해 이해하고 생명의 소중함과 ______에 대해서 배울 수 있다.

3. 묻고 대답하십시오.

1) 동물원의 프로그램에는 어떤 것들이 있습니까?
2) 동물 쇼에 등장하는 동물들은 무엇 때문에 불안 장애를 느낍니까?
3) 동물원에서 보호하고 있는 멸종 위기 동물은 무엇입니까?
4) 동물원은 아이들에게 어떤 역할을 할 수 있습니까?

4. 다음 표현을 이용하여 읽은 내용을 정리해서 말해 보십시오.

동물원 폐지	불안 장애	스트레스	학대	행복할 권리
동물원 유지	멸종 위기	보존	생태 교육	공존

5. 함께 이야기해 보십시오.

1) 여러분은 동물원의 폐지에 대해 어떻게 생각합니까?
2) 앞으로 동물원은 어떤 역할을 해야 한다고 생각합니까?

문법

문법 1 -는 등

1. 다음 문법의 의미를 생각해 봅시다.

- 생태 통로를 처음 만들었을 때는 소음에 **노출되는 등** 동물의 특성을 고려하지 않는 경우가 많았습니다.
- 보건소는 국민들에게 손을 자주 **씻는 등** 개인위생에 주의할 것을 당부했다.
- 월드컵 개최를 앞두고 경기장을 건설하고 편의 시설을 **정비하는 등** 준비가 한창이다.

2. 알맞은 것을 골라 써 봅시다.

보기		
	✔ 매일 꾸준히 운동하다	뇌물을 주다
	곳곳이 침수되다	어학연수를 보내 주다

1) 민수는 매일 꾸준히 운동하는 등 건강 관리에 힘썼다.
2) 전국적으로 폭우가 쏟아져 ________________ 피해가 잇따랐다.
3) 김 씨는 정치인들에게 ________________ 검은돈 거래를 해서 경찰에 잡혔다.
4) 회사에서는 사원들에게 ________________ 인재 계발을 위한 투자를 아끼지 않는다.

3. 다음과 같이 문장을 완성해 봅시다.

1) 구청에서는 장애인들을 위해 엘리베이터를 설치하는 등 공익 사업을 실시하고 있다.
2) 요즘 아이들은 ________________ 공중도덕을 잘 지키지 않는다.
3) 우리는 ________________ 공통점이 많아서 금방 친구가 되었다.
4) 학교에서는 ________________ 다양한 행사를 마련하고 있다.

4. 다음 주제에 대해 써 봅시다.

1) 효능이 있는 음식

음식	효능 1	효능 2
인삼	면역력 강화	체질 개선

→ 인삼에는 면역력을 강화하고 체질 개선을 해 주는 등 다양한 효능이 있다.

2) 효과가 좋은 운동

운동	효과 1	효과 2
매일 30분 이상 걷기	혈액 순환 도움	스트레스 해소

→ 매일 30분 이상 걸으면 혈액 순환을 돕고 스트레스를 해소하는 등 다양한 효과를 얻을 수 있다.

문법 2 -는/(으)ㄴ 탓에

1. 다음 문법의 의미를 생각해 봅시다.

- 수많은 사람들이 무분별하게 **만지는 탓에** 동물들이 스트레스를 받고 있다.
- 그 식당은 서비스가 좋고 음식도 맛있지만 가격이 너무 **비싼 탓에** 손님이 별로 없다.
- 더운 **날씨 탓에** 요즘 잠을 못 자는 사람이 많아요.

2. 다음과 같이 연결한 뒤에 말해 봅시다.

1) 경제가 안 좋은 탓에 요즘 취직하기가 매우 어렵습니다.

1) 경제가 안 좋다	업무에서 실수가 잦다
2) 김 대리는 성격이 급하다	살이 많이 찌고 있다
3) 야식을 자주 먹다	요즘 취직하기가 매우 어렵다
4) 갑작스러운 폭우	야구 경기가 취소되었다

3. 다음과 같이 문장을 완성해 봅시다.

1) 그 배우는 음주 운전을 한 탓에 준비하던 영화에서 하차하게 되었다.
2) 지수는 ____________ 제대로 대답을 하지 못했다.
3) 이번 대회에서 ____________ 수상을 하지 못했다.
4) 날씨가 너무 ____________ 산불이 자주 발생한다.

4. 함께 이야기해 봅시다.

1)

유명한 배우가 출연했는데도 왜 흥행에 성공하지 못했습니까?

내용이 지루한 탓에 흥행에 실패했습니다.

2) 경기가 좋아지는데도 왜 청년 실업률이 높아질까요?
3) 정부에서 양육비를 지원하는데도 왜 출산율이 안 오를까요?

9-2 신비한 식물의 세계

어휘와 표현 2

1. 식물의 성장과 관련된 표현을 알아보고, 알맞은 단어를 골라 쓰십시오.

흙과 양분	햇빛	물/수분	온도

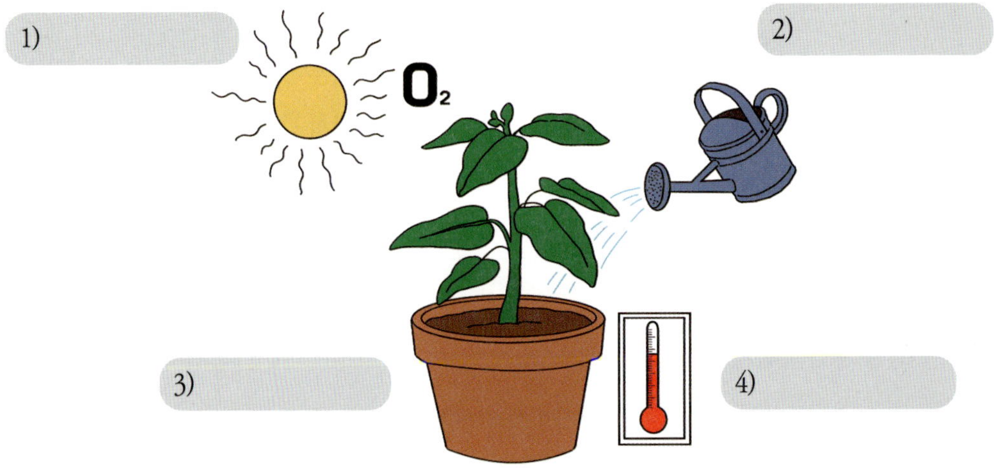

2. 식물의 구조과 관련된 표현을 알아봅시다.

뿌리	줄기	잎	꽃	열매

1) 알맞은 단어를 골라 쓰십시오.

2) 알맞은 것을 연결하십시오.

①	뿌리	•	• 씨를 만든다.
②	줄기	•	• 광합성을 한다.
③	잎	•	• 씨를 보호하고 퍼뜨린다.
④	꽃	•	• 물과 양분의 이동 통로이다.
⑤	열매	•	• 식물을 지탱해 주고 영양분을 저장한다.

3. 식물의 효능과 관련된 표현을 알아봅시다.

산소를 공급하다　　공기를 정화하다　　음이온을 발생시키다
오염 물질을 제거하다　　이산화 탄소를 흡수하다

1) 표현에 대한 설명으로 알맞은 것을 골라 쓰십시오.

① ______________ 식물은 음이온을 만들어서 내보낸다.

② ______________ 식물은 이산화 탄소를 마셔서 없앤다.

③ ______________ 식물은 나쁜 공기를 흡수해 깨끗하게 만든다.

④ ______________ 식물은 매일 새로운 산소를 만들어서 제공한다.

⑤ ______________ 식물은 잎을 통해 미세 먼지와 같은 오염 물질을 없앤다.

2) 실내에서 키우기 좋은 식물에는 어떤 것이 있습니까?

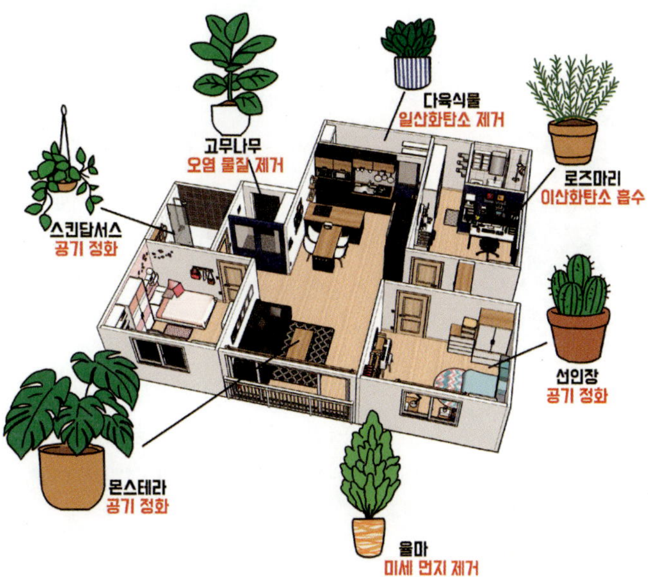

읽기 2

준비하기

1. 무엇에 관한 책입니까?

2. 식물에 관한 정보를 얻는 방법에는 무엇이 있습니까?

읽기

● 식물도감을 읽고 질문에 답하십시오.

식물이 궁금한 당신을 위한

신비한 식물 사전 1탄

몬스테라

타원형 구멍과 독특한 잎을 가진 식물

- 학명: Monstera deliciosa
- 원산지: 멕시코
- 개화 시기: 7월~8월
- 꽃말: 거대한 계획

'몬스테라'라는 이름은 라틴어 Monstrum(이상하다)에서 유래되었다. 잎의 모양이 찢어진 형태라서 몬스테라라는 이름을 붙였다.

몬스테라의 잎이 이런 모양을 가지고 있는 이유는 생존을 위해서이다. 몬스테라가 서식하고 있는 열대 기후에서 자라는 식물은 대개 넓은 잎을 가지고 있는데, 이런 경우 아래쪽 잎은 위에 있는 잎에 가려 햇빛과 수분을 공급받기 어렵다. 그러나 윗부분 잎이 찢어진 형태가 되면 공간이 생겨 아래쪽 잎에서도 광합성에 필요한 물과 햇빛을 받을 수 있다.

	물	흙의 표면이 완전히 말랐을 때 물을 주세요. 건조한 환경이라면 잎과 줄기가 마르지 않게끔 분무기를 사용해서 물을 뿌려 주세요.
	온도	몬스테라는 18~25℃에서 잘 자란답니다. 열대 기후에서 살던 식물이라서 겨울철에는 꼭 실내에서 관리해 주세요.
	햇빛의 양	몬스테라는 간접적인 햇빛을 선호하니까 직사광선을 피해 주세요. 넓은 잎을 가진 만큼 쌓인 먼지도 자주 닦아 줘야 해요.

식물이 궁금한 당신을 위한

신비한 식물 사전 2탄

산세베리아

나사(NASA)가 선정한
실내 공기 정화 식물!

- 학명: Sansevieria
- 원산지: 아프리카
- 개화 시기: 3월~9월
- 꽃말: 관용

주위에서 흔히 볼 수 있는 산세베리아는 생명력이 강해서 '천년난'이라고도 불린다. 특히 곧고 길게 자라는 잎이 매력적이다.

산세베리아는 밤에도 광합성 작용을 하며 공기를 정화하는 놀라운 능력이 있다. 이러한 특성 때문에 침실에 배치하기 좋은 식물로 꼽힌다. 이산화 탄소를 흡수하고 산소와 음이온을 발생시키기 때문에 새집 증후군을 방지해 주기도 한다.

	물	산세베리아는 선인장처럼 건조한 환경에서 잘 자라는 식물이랍니다. 보통 2개월에 한 번 잎이 쪼그라들면 물을 주세요.
	온도	산세베리아는 21~25℃에서 잘 자라요. 추위에 약해서 13℃ 이하의 온도는 피하는 것이 좋으므로 겨울에는 따뜻한 실내에서 기르는 것을 추천합니다.
	햇빛의 양	산세베리아는 햇빛이 부족한 환경에서도 잘 자라는 식물이에요. 너무 강한 햇빛은 싫어하니까 남향의 창가에는 놓지 마세요.

1. 무엇에 대해 이야기하고 있습니까?

식물도감에 나와 있는 ______ 와 ______

2. 다음 표를 완성하십시오.

항목	몬스테라	산세베리아
이름	잎의 모양이 ______ 형태라서 몬스테라라는 이름을 붙였다.	생명력이 강해서 ' ______ '이라고도 불린다.
물 주기	흙의 표면이 완전히 ______ 때 물을 준다.	보통 ______에 한 번 물을 공급한다.
온도	______에서 살던 식물이라서 영하로 떨어지는 추운 날씨는 견디기 힘들다.	______에 약해서 13℃ 이하의 온도는 피하는 것이 좋다.
햇빛	간접적인 햇빛을 선호하니까 ______을 피해야 한다.	강한 햇빛은 싫어하니까 ______의 창가에는 놓지 말아야 한다.

3. 읽은 내용과 같은 것을 모두 고르십시오.

1) 몬스테라는 타원형 구멍이 있는 독특한 잎을 가지고 있다. □
2) 몬스테라는 잎이 찢어져서 광합성이 불가능하다. □
3) 산세베리아는 물을 자주 주지 말고 잎이 쪼그라들 때 줘야 한다. □
4) 산세베리아는 겨울에도 햇빛을 받을 수 있게 베란다에서 기르는 것이 좋다. □

4. 읽은 내용을 정리해서 말해 보십시오.

듣기 2

준비하기

1. 여러분은 식물을 키워 본 적이 있습니까? 식물을 보통 어디에 놓고 키웁니까?
2. 식물을 키울 때 무엇을 주의해야 합니까?

듣기

● 반려 식물에 관한 인터뷰를 듣고 질문에 답하십시오. 09-2

1. 무엇에 대해 이야기하고 있습니까?

__________을 잘 키우는 방법

2. 다음 표를 완성하십시오.

신조어	의미
반려 식물	가까이 두고 키우며 정서적인 ______을 얻는 식물
식집사	식물을 애지중지 ______ 사람

09 동물과 식물

3. 묻고 대답하십시오.

1) '식집사'는 어떤 방법으로 만들어진 신조어입니까?
2) 식물과 관련된 신조어가 많이 생기는 이유는 무엇입니까?
3) 식물의 색상인 녹색에는 어떤 효과가 있습니까?
4) 식물을 구입하기 전에 어떤 점을 고려해야 합니까?
5) 햇빛이 들지 않는 곳에서 키우기 적합한 식물에는 어떤 것이 있습니까?

4. 다음 표현을 이용하여 들은 내용을 정리해서 말해 보십시오.

식물을 키우는 이유	유대감	공기 정화	집중력	창의력
고려할 점	위치	남향	북향	햇빛

5. 함께 이야기해 봅시다.

1) 여러분은 어떤 식물을 키우고 싶습니까? 그 이유는 무엇입니까?
2) 여러분이 좋아하는 꽃은 무엇입니까? 그 꽃의 꽃말은 무엇입니까?

전달력 향상하기

발음에 주의하면서 읽어 보십시오.

1) 최근 식물 키우기와 관련해서 반려 식물, 식집사 같은 신조어가 유행하고 있습니다.
2) 실내 환경을 깨끗하게 유지할 수 있습니다.
3) 인류는 평화를 누릴 권리가 있으며, 이를 위해 전 세계가 협력해야 합니다.

문법

문법 3 -답니다

1. 다음 문법의 의미를 생각해 봅시다.

- 몬스테라는 18~25℃에서 잘 **자란답니다.**
- 일자리를 구하는 분들께 반가운 소식이 **있답니다.**
- 산세베리아는 선인장처럼 건조한 환경에서 잘 자라는 **식물이랍니다.**

2. 알맞은 것을 골라 말해 봅시다.

보기	걷다	만들 수 있다	살았다	✔ 재미있다

1) 가: 명절에 온 가족이 모여 송편을 만들어 보는 것도 정말 재미있답니다. 한번 꼭 해 보세요.
   나: 네. 이번 명절에는 꼭 해 볼게요.
2) 가: 아기는 잘 크고 있죠?
   나: 그럼요. 벌써 혼자서 ________________.
3) 가: 엄마, 이 동화책 좀 읽어 주세요.
   나: 어느 마을에 마음씨 착한 아들이 늙은 어머니와 같이 ________________.
4) 가: 이건 제가 만든 책상이에요. 나무와 간단한 도구만 있으면 쉽게 ________________.
   나: 와! 대단하네요.

3. 다음과 같이 문장을 완성해 봅시다.

1) 10년 동안 돈을 모은 끝에 드디어 집을 사게 되었답니다.
2) 우리 반 민준 씨는 한국어 말하기 대회에서 ________________.
3) 적당한 햇빛과 물을 제공하면 ________________.
4) 옛날 옛날에 마음씨 좋은 할아버지와 할머니가 ________________.

4. 함께 이야기해 봅시다.

1) 여러분 나라에서 특별한 날에 먹는 음식이 있어요? 왜 그 음식을 먹어요?
2) 여러분 나라에서 특별한 날에 어떤 선물을 해요? 왜 그 선물을 해요?
3) 여러분이 직접 한 일 중에 자랑하고 싶은 것이 있어요?

문법 4 -기에 앞서

1. 다음 문법의 의미를 생각해 봅시다.

- 식물을 **구입하기에 앞서** 식물을 키울 장소를 먼저 생각해 두는 것이 좋습니다.
- 글쓴이는 본격적인 **이야기에 앞서** 책의 앞쪽에 인물 소개를 적어 놓았다.
- 선수들은 **경기에 앞서** 스트레칭을 하면서 몸을 풀었다.

2. 다음과 같이 연결한 뒤에 말해 봅시다.

1) 일을 시작하기에 앞서 업무를 나누는 것이 필요합니다.

1) 일을 시작하다	•———•	업무를 나누는 것이 필요하다
2) 논문을 쓰다	• •	서류를 꼼꼼하게 읽어 봐야 하다
3) 계약서에 서명하다	• •	잘못한 이유를 정확하게 파악하는 것이 필요하다
4) 국제 대회를 개최하다	• •	이 분야에 대한 연구를 찾아서 정리해야 하다
5) 신입 사원을 혼내다	• •	부족한 경기장 문제부터 해결해야 하다

3. 다음과 같이 문장을 완성해 봅시다.

1) 손님들을 초대하기에 앞서 초대 명단을 작성했어요.
2) ______________ 좋은 아이디어를 생각해야 해요.
3) ______________ 오늘 일정을 먼저 안내하겠습니다.
4) ______________ 발표 내용의 목차를 먼저 설명해 드리겠습니다.
5) 비행기 이륙에 앞서 승객 여러분께서는 ______________.
6) 여행을 가려면 숙소를 예약하기에 앞서 ______________.

4. 함께 이야기해 봅시다.

1) 내일 이사를 하는데 미리 해야 할 일이 있을까요?
2) 회사를 그만두기 전에 고민해야 하는 것이 있을까요?
3) 막상 글을 쓰려고 하면 막막해요. 쓰기를 잘하려면 뭐부터 하는 게 좋을까요?

활동 동물 보호 안내문 만들기

준비하기

1. 여러분은 동물 학대에 대해 어떻게 생각합니까?

2. 다음 그래프를 보면서 이야기해 봅시다.

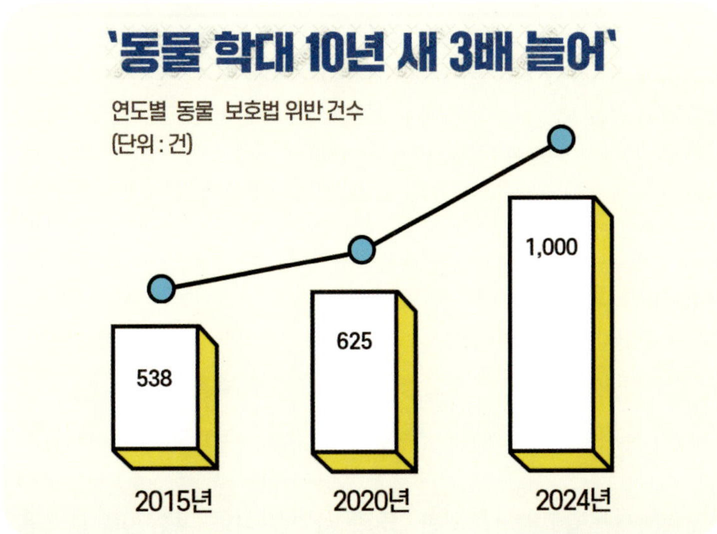

〈출처: 경찰청 통계 자료〉

1) 동물 보호법을 위반한 건수는 연도별로 어떻게 변화하고 있습니까?
2) 여러분은 동물 학대를 목격했을 때 어떻게 하겠습니까?

활동하기 1

1. 여러분은 길고양이에게 먹이를 주는 것에 대해 어떻게 생각합니까? 왜 그렇게 생각합니까?

2. 동물 보호를 위한 안내문을 읽고, 함께 이야기해 봅시다.

기억해요, 공존을 위한

길고양이 안내문

1. 길고양이 현황

서울에는 길고양이가 약 10만 마리 정도 살고 있습니다.
그러나 학대와 배고픔으로 많은 길고양이들이 고통받고 있습니다.

2. 길고양이 보호 방법

1) 배고픈 길고양이에게 사료를 나눠 주세요. 사료를 주는 것은 불법이 아닙니다.
2) 길고양이를 때리지 마세요. 길고양이를 학대하면 처벌을 받게 됩니다.
3) 길고양이를 함부로 포획하지 마세요. 생명이 위험한 경우에만 포획이 허용됩니다.

우리 지역에서는 길고양이를 위한 다양한 사업(중성화 수술, 입양 교육 등)을 지원하고 있습니다. 이러한 사업을 통해 길고양이로 인한 지역 사회의 문제를 줄이고, 길고양이와 인간의 공존을 도모하고 있습니다.

중성화 수술이 완료된 길고양이는
왼쪽 귀 끝을 잘라 표시해요.

생명과 공존하는 환경 조성을 위해 길고양이를 보호해 주세요.

1) 현재 서울의 길고양이의 현황은 어떻습니까?
2) 길고양이를 보호하는 방법에는 어떤 것들이 있습니까?
3) 길고양이와 공존할 수 있는 지역 사회의 노력에는 어떤 것이 있습니까?

활동하기 2

1. 멸종 위기 동물에는 어떤 동물들이 있는지 찾아봅시다.

판다

두루미

황제펭귄

사불상

1) 그 동물이 처한 심각한 문제에는 어떤 것들이 있습니까?

2) 그 동물을 보호하기 위해 어떤 노력을 해야 합니까?

2. 안내문을 만들기 위해 개요를 작성해 봅시다.

제목:	
	안내문 내용
① 현황	
② 보호 방안	- -

3. 적절한 사진이나 그림을 넣어 안내문을 만들어 봅시다.

10

생각과 가치관

10-1 / 한국인의 눈치 문화

어휘·표현 1	인식과 눈치 관련 표현
듣기 1	눈치 문화에 관한 발표
읽기 1	눈치 문화에 관한 설명문
문법	-는 바와 같이, -고도

10-2 / 고정 관념과 편견

어휘·표현 2	가치관 및 고정 관념 관련 표현
읽기 2	고정 관념에 관한 칼럼
듣기 2	차별 문제에 관한 집담회
문법	에서 비롯되다, -(으)ㄹ지라도

활동 설문 조사 후 결과 발표하기

1. 한국 사회의 특징에 대해 이야기해 봅시다.

2. 여러분 나라와 비교하면 어떻습니까?

10-1 한국인의 눈치 문화

어휘와 표현 1

1. 눈치와 관련된 표현을 알아봅시다.

1) 알맞은 표현을 골라 쓰십시오.

눈치가 있다 ↔ 없다	눈치를 보다 ↔ 안 보다	눈치가 빠르다 ↔ 느리다

①

②

③

④

2) 위 그림들이 어떤 상황인지, 그 상황에서 ①~⑥ 사람은 어떻게 행동하고 있는지 이야기해 보십시오.

3) 알맞은 표현을 골라 쓰십시오.

눈치가 느리다	눈치를 주다	눈치껏 행동하다
눈치가 보이다	눈칫밥을 먹다	눈치를 채다

① 나는 눈치가 빠른 편이지만 동생은 반대로 ______________________.

② 민수가 얼굴을 찡그리며 조용히 하라고 ________________는데도 지영이는 계속해서 떠들어 댔다.

③ 내가 너를 좋아하는 걸 어떻게 알았어? 언제부터 ____________________?

④ 나는 어렸을 때 부모님이 돌아가신 이후 친척 집에서 ________________으면서 자랐다. 그래서 항상 배가 고팠다.

⑤ 새 직장에 가서는 옆 사람에게 하나부터 열까지 모두 물어보지 말고 ________________야 돼. 알았지?

⑥ 직장에서 은퇴하고 집에만 있으니까 아내가 아무 말 하지 않는데도 괜히 아내의 ________________.

4) 함께 이야기해 보십시오.

① 여러분은 눈치가 있는 편입니까?

② 여러분은 새롭고 낯선 상황에서 눈치를 많이 보는 편입니까?

③ 지금까지 살면서 눈칫밥을 먹은 적이 있습니까?

2. 생각 및 인식과 관련된 표현을 알아봅시다.

1) 공통으로 들어가는 단어를 골라 쓰십시오.

의도	의식	개념	관점

① • 수학 공부에서는 기본 ( ) 을 이해하는 것이 중요하다
• 돈에 대한 ( ) 이 없다

② • 공동체 ( ) 을 갖다
• 시민 ( ) 이 높다/낮다

③ • 객관적인 ( ) 으로 사물을 바라보다
• 새로운 ( ) 으로 해석하다

④ • ( ) 적으로 접근하다
• 나쁜 ( ) 가 있다

2) 함께 이야기해 보십시오.

① 아이들은 언제부터 돈에 대한 개념이 생긴다고 생각합니까?

② 사람들이 언제 공동체 의식을 가져야 한다고 생각합니까?

③ 상황이나 사물을 새로운 관점으로 바라보는 사람에게는 어떤 직업이 어울릴 것 같습니까?

④ 나쁜 목적을 가지고 다른 사람에게 의도적으로 접근하는 경우를 본 적이 있습니까?

듣기 1

준비하기

1. 사진을 보면서 이야기해 보십시오.

   1) 사람들이 무엇을 하고 있습니까?

   2) 여러분은 어떤 사람과 함께 일하고 싶습니까?

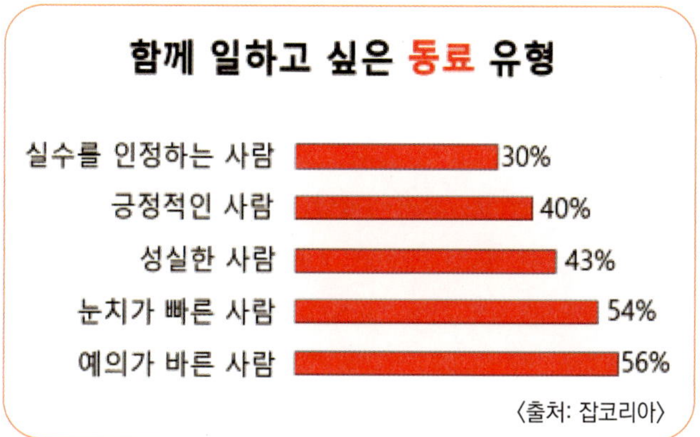

2. 조사 결과를 보고 이야기해 보십시오.

   1) 무엇에 대해 조사했습니까?

   2) 사람들은 어떤 동료와 일하고 싶다고 합니까?

듣기

● 눈치 문화에 관한 발표를 듣고 질문에 답하십시오. 10-1

1. 무엇에 대해 이야기하고 있습니까?

   1) 눈치에 대한 ________ 결과

   2) 눈치 문화의 ________ 측면

2. 발표 내용을 순서대로 나열하십시오.

(가)
해외에서 성공한 한국인의 비결

(나)
함께 일하고 싶은 동료 유형

(다)
함께 일하고 싶은 신입 사원 유형

(라)
발표 주제 및 선정 이유

(라) → (   ) → (   ) → (   )

3. 들은 내용과 같은 것을 모두 고르십시오.

① 절반이 넘는 응답자가 예의 바른 동료를 선호한다고 대답했다. □

② 직장에서는 예의 바른 신입 사원을 가장 선호한다. □

③ 해외에 간 한국인들은 눈치 문화 때문에 현지 적응이 어려웠다. □

④ 책에서는 한국인이 빠른 상황 파악 능력 덕분에 성공할 수 있었다고 주장했다. □

4. 들은 내용을 정리해서 말해 보십시오.

읽기 1

준비하기

1. 알맞은 것을 연결하십시오.

대가족 제도 •	• 사람들의 몸짓이나 표정, 분위기 등
비언어적 요소 •	• 조부모와 부모, 자녀들이 함께 사는 가족 제도
고 맥락 문화 •	• 직접적인 말보다 이야기의 맥락이나 상황을 중시하는 문화

2. 위의 내용은 한국의 눈치 문화와 어떤 관계가 있다고 생각합니까?

읽기

● 눈치 문화에 관한 설명문을 읽고 질문에 답하십시오.

한국의 눈치 문화

가 한국에서 살다 보면 '저 사람 눈치가 참 빠르네.', '아휴, 답답해. 아직도 눈치를 못 챘나?', '눈치껏 행동해야지.'와 같은 말을 자주 듣게 된다. 이처럼 한국어에는 눈치와 관련된 표현이 많다. 이러한 표현은 한국 사회에서 사람들이 눈치껏 행동하고 말하는 것을 중요하게 여긴다는 사실을 보여 준다.

눈치란 다른 사람의 마음을 그때그때 상황으로 미루어 짐작하고 알아내는 것을 의미한다. 즉 상대방의 표정이나 몸짓 등을 통해 감정이나 생각을 파악하고, 상황을 빠르게 이해하는 능력을 가리킨다. 그러나 이와 같은 능력을 갖추는 것은 말처럼 쉬운 일이 아니다. 그렇다면 한국에서는 어떻게 눈치 문화가 발달하게 된 것일까?

나 그 배경에는 전통적인 한국 사회의 '대가족 제도'가 있다. 한국인들은 어렸을 때부터 대가족 안에서 생활하면서 눈치껏 상황을 파악하는 능력을 자연스럽게 배운다. 표정이나 몸짓, 집안 분위기 등 비언어적 요소를 통해 어른들의 생각을 파악하는 능력을 자연스럽게 습득하는 것이다.

대가족 제도뿐 아니라 한국의 '고 맥락 문화'도 눈치 문화 형성에 중요한 역할을 했다. 고 맥락 문화란 직설적인 의사소통 방식보다 분위기나 상황을 파악하여 소통하는 것을 선호하는 문화로, 이러한 문화에 익숙한 한국인들은 자신의 생각이나 의도를 직접적으로 표현하기보다 맥락과 상황을 통해 우회적으로 드러내는 것을 선호한다. 이러한 배경 속에서 눈치 문화가 발달하게 된 것이다.

다 이처럼 가정과 사회에서 습득한 눈치 덕분에 한국인은 집단생활이나 단체 활동을 하면서 직접적으로 말을 하지 않고도 상대방의 생각을 빨리 읽어 내고 분위기를 파악하여 상대방에게 불편함이 생기지 않도록 미리 배려할 수 있게 되었다. 또한 눈치를 통해 자신의 의견을 주장해야 할 때와 그렇지 않을 때를 구분하여, 타인에게 불편을 줄 수 있는 행동을 스스로 자제할 수 있게 되었다. 이러한 점이 바로 눈치 문화의 장점이다.

라 하지만 눈치 문화에는 긍정적인 면만 있는 것은 아니다. 정확한 의사소통 없이 분위기만으로 상황을 판단함으로써 대인 관계에서 오해가 생기기도 하고 업무의 효율성을 떨어뜨리는 결과를 가져오기도 한다. 또한 눈치를 보느라 자신의 의견을 솔직하게 표현하지 못하는 수직적 문화가 형성될 수도 있다. 직장인들이 퇴사하고 싶은 이유의 70%가 조직의 눈치 문화 때문이라는 조사 결과가 있을 정도로 과도한 눈치 문화는 직장인의 스트레스 요인이 되기도 한다.

이처럼 눈치 문화에는 장점도 있지만, 조직의 업무 수행에 있어 걸림돌이 되기도 하며 나아가 사회의 다양성을 존중하는 데에도 방해가 될 수 있다. 그러므로 과도하게 다른 사람을 신경 쓰고 눈치를 보는 문화는 지양할 필요가 있다.

1. 무엇에 대해 이야기하고 있습니까?

눈치의 정의와 눈치 문화의 ______

2. 알맞은 중심 내용을 연결하십시오.

가 •	• 눈치의 정의
나 •	• 눈치 문화의 부정적인 면
다 •	• 눈치 문화의 사회적 배경
라 •	• 눈치 문화의 긍정적인 면

3. 묻고 대답하십시오.

1) 눈치와 관련된 표현에는 어떤 것이 있습니까?

2) 눈치라는 단어의 뜻은 무엇입니까?

3) 한국의 어떤 배경 때문에 눈치가 발달하게 되었습니까?

4) 한국인들은 대가족 안에서 어떻게 어른들의 생각을 알아차렸습니까?

5) 고 맥락 문화에서는 주로 어떤 식으로 소통하는 것을 선호합니까?

4. 다음 표현을 이용하여 읽은 내용을 정리해서 말해 보십시오.

긍정적인 면	상대방의 생각과 분위기 자제하다	파악하다 배려하다
부정적인 면	오해 수직적 문화	업무의 효율성 스트레스 요인

5. 함께 이야기해 보십시오.

1) 여러분은 부모님이나 좋아하는 사람의 눈치를 본 적이 있습니까?

2) 여러분은 식당이나 카페에서 다른 사람의 눈치를 본 적이 있습니까?

3) 다른 사람들의 불편한 점을 미리 눈치채서 도와준 적이 있습니까?

문법

문법 1 -는 바와 같이

1. 다음 문법의 의미를 생각해 봅시다.

- 이 책에서 **언급한 바와 같이** 눈치는 한국인의 성공에 큰 영향을 미치고 있습니다.
- 앞에서 **설명한 바와 같이** 눈치 문화에는 긍정적인 면만 있는 것은 아닙니다.
- 여기 **보시는 바와 같이** 미성년자가 통장을 만들 때는 부모의 동의가 필요합니다.

2. 다음과 같이 말해 봅시다.

1) 앞에서 언급한 바와 같이 한국 사회는 급격히 변화하고 있습니다.

1) 앞에서 언급했다 - 한국 사회는 급격히 변화하고 있다
2) 목차에서 밝혔다 - 먼저 가족 문화의 차이에 대해 발표하겠다
3) 처음에 설명했다 - 늦어지는 결혼은 출산율에 영향을 미치고 있다
4) 지금까지 살펴봤다 - 높임법이 발달했다는 것이 한국어의 가장 큰 특징이다

3. 설문 조사를 보면서 말해 봅시다.

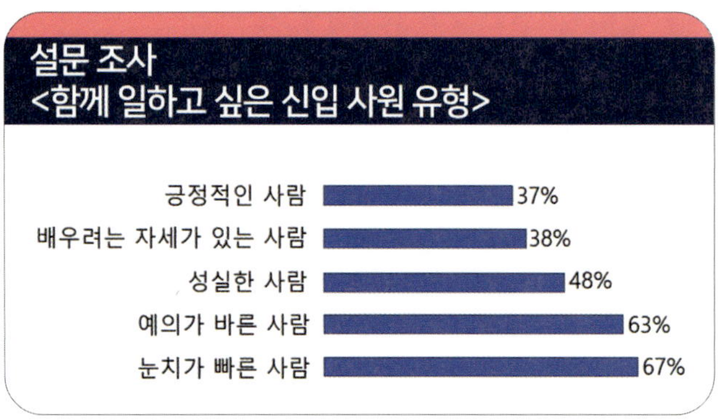

설문 조사에서 나타난 바와 같이 직장인들은

문법 2 -고도

1. 다음 문법의 의미를 생각해 봅시다.

- 눈치가 있으면 직접 말을 하지 않고도 상대방의 생각을 빨리 읽어 낼 수 있다.
- 신입 사원들은 업무를 다 마치고도 상사 눈치를 보느라 퇴근을 못 하는 경우가 많다.
- 이 근처에 오시고도 저한테 연락을 안 하셨다니 정말 섭섭합니다.

2. 알맞은 것을 골라 말해 봅시다.

보기			
	✔ 자전거를 타다	도움을 받지 않다	슬픈 영화를 보다
	큰 실수를 하다	거짓말임을 알다	안경을 쓰다

1) 그 남자는 자전거를 타고도 오르막길을 쉬지 않고 올라갔습니다.
2) 다른 사람의 ________________ 이렇게 좋은 결과를 냈구나. 대단하다.
3) 미나는 눈이 너무 나빠서 ________________ 칠판 글씨를 제대로 볼 수 없어요.
4) 여자 친구는 ________________ 마지막 장면이 끝날 때까지 울지 않았어요.
5) 민수는 마을 사람들에게 피해를 주는 ________________ 끝까지 사과 한마디 하지 않았습니다.
6) 아버지께서는 잘 지낸다는 제 말이 ________________ 그냥 모르는 척해 주셨습니다.

3. 다음과 같이 대화를 완성해 봅시다.

1) 가: 이 빵이 너무 맛있어서 배가 부른데도 자꾸 먹게 되네.
   나: 5개나 먹고도 또 먹고 싶어?

2) 가: 오늘 학교에 또 지각했어요.
   나: 그렇게 선생님께 ________________?

3) 가: 엄마, 자도 자도 계속 졸려요.
   나: 어제 ________________?

4. 함께 이야기해 봅시다.

1) 여러분은 알고도 모른 척했던 일이 있습니까?
2) 실수를 하고도 말하지 않은 적이 있습니까?

10-2 고정 관념과 편견

어휘와 표현 2

1. 가치관과 관련된 표현을 알아봅시다.

가치관

- **정의**: 사람이 어떤 가치에 대해 가지는 태도나 판단의 기준
  (예) 성공하기 위해서는 성실함이 가장 중요하다.
- **표현**: 가치관을 가지다, 가치관을 확립하다, 가치관이 비슷하다

1) 여러분은 가치관이 비슷한 사람과 결혼하는 것이 좋다고 생각합니까?
2) 여러분 나라에서 중요하게 생각하는 가치관은 무엇입니까?
3) 부모가 올바른 가치관을 가져야 하는 이유는 무엇입니까?

2. 차별과 관련된 표현을 알아봅시다.

차별

- **정의**: 둘 이상을 차등을 두어 구별하는 것
  (예) 여자들이 직장에서 남자보다 적은 월급을 받는다.
  1960년대 유색 인종은 백인과 같은 버스에 탈 수 없었다.
- **표현**: 남녀 차별, 인종 차별, 차별 대우, 차별을 하다, 차별을 받다

1) 여러분 나라에는 어떤 차별이 존재합니까?
2) 여러분은 살면서 차별을 받은 적이 있습니까? 언제, 어떤 일로 받았습니까?
3) 부당한 차별 대우를 줄이려면 어떻게 행동해야 한다고 생각합니까?

3. 고정 관념 및 편견과 관련된 표현을 알아봅시다.

고정 관념

- **정의**: 이미 굳어져서 쉽게 바뀌지 않는 생각
  (예) 여자아이들은 인형을 가지고 노는 것을 좋아한다.
- **표현**: 고정 관념을 가지다, 고정 관념이 강하다, 고정 관념이 깨지다

편견

- **정의**: 공평하고 올바르지 못하며 한쪽으로 치우친 생각
  (예) 성적이 안 좋은 학생들은 머리가 나쁘다.
- **표현**: 편견을 가지다, 편견이 심하다, 편견에 빠지다, 편견을 깨다

1) 편견의 종류와 그 예를 연결하십시오.

나이 •	• 예쁘고 잘생겨야 성공할 수 있어.
성별 •	• 노인들은 보통 보수적이고 잔소리가 많아.
직업 •	• 몸이 불편한 사람은 할 수 있는 일이 정해져 있어.
장애 •	• 머리를 쓰는 일이 몸을 쓰는 일보다 가치가 있어.
종교 •	• 좋은 대학을 나왔다는 것은 성실하고 똑똑하다는 증거야.
지역 •	• 특정한 신을 믿는 사람들은 위험하니까 조심해야 해.
외모 •	• 더운 곳에 사는 사람들은 게을러서 열심히 일을 안 해.
학벌 •	• 남자들은 수학에 재능이 있고 여자들은 언어에 재능이 있어.

2) 함께 이야기해 보십시오.

① 여러분 나라에는 어떤 고정 관념이나 편견이 있습니까?
② 여러분이 가지고 있는 고정 관념이나 편견에는 어떤 것이 있습니까?
③ 한국에 오기 전에 가지고 있던 고정 관념이 있었습니까?
④ 한국에 온 다음에 생각이 달라지거나 고정 관념이 깨진 경험이 있습니까?

3) 사진을 보면서 어떤 고정 관념과 편견을 깬 예인지 이야기해 보십시오.

①

②

③

읽기 2

준비하기

1. 여러분 나라에서는 아기에게 주로 어떤 색깔 옷을 입힙니까?
2. 여러분 나라의 아이들은 주로 어떤 놀이를 많이 합니까? 성별에 따라 차이가 있습니까?

읽기

● 칼럼을 읽고 질문에 답하십시오.

파란색과 분홍색은 어떻게 남자와 여자의 색이 되었는가?

분홍색은 여자 색, 파란색은 남자 색이라는 사람들의 인식은 과연 언제부터 생긴 것일까? 미국 역사학자의 연구에 따르면 19세기 전까지 오랫동안 7세 이전의 아이들은 남녀 모두 하얀색 옷을 입었다고 한다. 흰 옷감은 더러워져도 표백해 재사용할 수 있어서 실용적이었기 때문이다. 심지어 지금 생각과는 반대로 분홍색이 남성적인 색이고, 파란색이 여성적인 색이라고 여겨지던 때도 있었다. 1918년 미국의 한 어린이 패션 잡지에 실린 기사를 보면 '힘이 있고 씩씩한 분홍색이 남자아이에게 더 잘 어울리고, 여자아이는 약하고 귀여운 파란색을 입었을 때 더 예뻐 보인다.'라는 내용이 나온다. 그렇다면 우리가 지금 가지고 있는 색깔에 대한 인식은 과연 언제부터, 그리고 어떻게 생기게 된 것일까?

분홍색과 파란색에 대한 인식은 1940년대 이후 유아 용품을 판매하던 사업가들의 판매 전략에서 비롯되었다는 설이 가장 유력하다. 기업에서 성별을 구별해 전략적으로 옷이나 장난감을 만들기 시작하면서 남자는 파란색, 여자는 분홍색이라는 인식이 사람들의 머릿속에 자리 잡게 되었다는 것이다. 이러한 인식은 태어나는 아기의 성별에 맞춰 상품을 새로 구입하는 경향을 만들었다. 유아 용품 판매 전략이 사람들에게 적중한 것이다.

성별에 맞춰 색을 구분하는 경향은 남녀 차이에 대한 사람들의 고정 관념을 강화하는 결과도 가져왔다. 연구에 따르면, 색에 대한 선호가 없던 아기들도 2.5세 정도 되면 여자아이들은 분홍색 물건을, 남자아이들은 다른 색을 선택하는 경향이 뚜렷해진다고 한다. 사회로부터 성별에 따른 색깔을 학습한 것이다. 어른들 또한 파란 옷을 입은 아이를 만나면 몸으로 놀아 주고, 분홍 옷을 입은 아이를 만나면 자연스럽게 인형을 가지고 놀아 주게 된다는 연구 결과도 있다. 이러한 행동 역시 남녀 차이에 대한 사람들의 고정 관념을 보여 주는 것이다.

나에게는 아직 어린 6살 딸과 4살 아들이 있다. 그동안 나도 딸에게는 분홍색 인형을, 아들에게는 파란색 자동차를 권했을지도 모른다. 무의식중에 아이들에게 여자와 남자는 어때야 한다는 고정 관념을 심어 주지는 않았는지 돌아보게 된다.

1. 무엇에 대해 이야기하고 있습니까?

__________에 대한 사람들의 인식

2. 다음 표를 완성하십시오.

	남자아이 옷 색깔	여자아이 옷 색깔
19세기 전		
1918년 무렵		
1940년 이후		

3. 읽은 내용과 같은 것을 모두 고르십시오.

① 19세기 전에는 실용적이어서 아이들에게 흰옷을 많이 입혔다. □
② 분홍색을 남성적인 색이라고 생각했던 때가 있었다. □
③ 성별에 맞춰 색깔을 구분하게 되면서 유아 용품의 판매량이 늘었다. □
④ 아기들은 태어날 때부터 특별한 색을 선호하는 경향이 있다. □
⑤ 옷 색깔에 따라 어른들이 아기와 놀아 주는 방식이 달라진다. □

4. 읽은 내용을 정리해서 말해 보십시오.

듣기 2

준비하기

1. 여러분의 생각에 표시해 보십시오.

1) 여성과 남성은 선천적으로 다르다.	네 □	아니오 □
2) 아이를 돌보고 가정을 지키는 것은 여성에게 더 적합하다.	네 □	아니오 □
3) 여성은 회사에서 어느 직위 이상 올라가기 어렵다.	네 □	아니오 □
4) 남성과 여성의 법적인 권리는 동등해야 한다.	네 □	아니오 □

2. 표를 보면서 이야기해 보십시오.

1 여성이 특정 직종에서 일할 수 없도록 제한하는 법이 있다. 104개국	**2** 여성이 일할 수 있는 시간을 제한하는 법이 있다. 29개국
3 여성이 외출할 수 있는 조건이나 방법을 제한하는 법이 있다. 17개국	**4** 남녀 모두에게 완전하게 동등한 법적 권리를 보장한다. 6개국

1) 무엇에 대해 이야기하고 있습니까?

2) 여러분은 표를 보고 어떤 생각이 들었습니까?

〈출처: The World Bank〉

듣기

● **집담회를 듣고 질문에 답하십시오.** 10-2

1. 들으면서 사람들의 생각을 간단히 메모하십시오.

사회자

안나

준

수지

사회자 →	안나 →	준 →	사회자 →	수지 →	사회자 →	안나
차별이나 편견을 느낀 적?	부모님, 여자		동의?		수지 씨 의견에 대한 생각?	

준 →	사회자 →	수지 →	준 →	사회자 →	안나 →	사회자
	유리 천장에 대한 생각?			다른 자료?		수지 씨에게 질문

2. 알맞은 것을 연결하십시오.

안나 •	• 남자와 여자의 능력은 선천적으로 다르다.
준 •	• 아직도 직장 내에 유리 천장이 존재하고 있다.
수지 •	• 우리 부모님은 아들과 딸을 다르게 대하셨다.

3. 묻고 대답하십시오.

1) 안나 씨는 어렸을 때 무엇이 불만이었습니까?
2) 준 씨는 자기 나라 사람들이 어떤 고정 관념을 가지고 있다고 합니까?
3) 수지 씨는 직장 내 유리 천장에 대해 어떻게 생각합니까?
4) 준 씨와 안나 씨는 어떤 내용에 대해 조사했습니까?

4. 다음 표현을 이용하여 들은 내용을 정리해서 말해 보십시오.

남녀 차별이 존재한다	남녀의 역할 유리 천장	성격이나 능력 불리한 법
남녀 차별이 거의 사라졌다	생물학적 차이	여성의 사회적 지위

5. 함께 이야기해 보십시오.

1) 여러분은 준, 안나, 수지 중 어떤 사람의 의견에 가장 동의합니까?
2) 여러분 나라에 남녀 차별이 존재한다고 생각합니까?

정치인의 수 | 월급 및 승진 | 퇴직 연령 | 일할 수 있는 직종 | 그 외

전달력 향상하기

● **억양에 주의하면서 읽어 보십시오.**

1) 사실 남자와 여자는 다른 성을 가지고 태어나잖아요.
2) 음……. 제 생각에는요.
3) 혹시 다른 자료를 찾아온 사람도 있나요? 안나 씨?

문법

문법 3 에서 비롯되다

1. 다음 문법의 의미를 생각해 봅시다.

- 성별에 따라 색을 구분하는 것은 사업가들의 **판매 전략에서 비롯되었다고** 한다.
- 그들은 둘 사이의 다툼이 **어디에서 비롯된** 것인지조차 기억하지 못했다.
- 자신이 낳은 아이를 돌보지 않는 것은 무책임과 **이기심에서 비롯된** 행동이다.

2. 알맞은 것을 골라 써 봅시다.

보기	✔ 건강한 몸 / 살아온 경험의 차이 / 동료를 배려하는 전통 / 관심과 호기심 / 지나친 입시 경쟁

1) 건강한 정신은 건강한 몸에서 비롯된다.
2) 학생들의 학업 스트레스는 ____________________.
3) 우리 회사의 따뜻한 분위기는 ____________________.
4) 창의력은 주변 사물에 대한 ____________________ 할 수 있다.
5) 사람들이 서로 다르게 생각하는 것은 ____________________ 경우가 많다.

3. 다음 주제 중 하나를 골라 글을 써 봅시다.

사소한 오해에서 비롯된 일	작은 실수에서 비롯된 일	나의 게으름에서 비롯된 일

문법 4 -(으)ㄹ지라도

1. 다음 문법의 의미를 생각해 봅시다.

- 그 말이 맞는다고 **할지라도** 남자와 여자가 다르다고 단정 짓는 것은 위험합니다.
- 삶이 어렵고 **힘들지라도** 슬퍼하거나 화내지 말라.
- 아직 **어린아이일지라도** 그 의견을 무시해서는 안 된다.

2. 알맞은 것을 연결한 뒤에 말해 봅시다.

1) 일부러 한 일이 아닐지라도 실수를 했으면 사과해야 합니다.

1) 일부러 한 일이 아니다 •	• 실수를 했으면 사과해야 하다
2) 힘이 센 남자이다 •	• 포기하지 말고 끝까지 해내야 하다
3) 훈련이 괴롭고 힘들다 •	• 밤에 혼자 다니는 것은 위험하다
4) 죽음이 우리를 갈라 놓다 •	• 관객들의 평가가 좋지 않을 수 있다
5) 이 물건이 보잘것없어 보이다 •	• 선물이니까 함부로 버려서는 안 되다
6) 아무리 열심히 공연을 준비했다 •	• 당신을 사랑하는 마음은 변하지 않다

3. 다음과 같이 문장을 완성해 봅시다.

1) 다른 사람과 의견이 다를지라도 화를 내기보다는 설득하려고 노력하는 것이 좋다.
2) 기분이 안 좋을지라도 ______________________.
3) 세상이 그대를 속일지라도 ______________________.
4) ______________________ 절대 돈거래를 해서는 안 된다.
5) ______________________ 사람들에게 예의 없게 행동해서는 안 된다.

4. 문법을 활용해서 사람들에게 힘을 주는 문장을 써 봅시다.

1) 취업에 계속 실패하는 사람에게
아무리 힘들지라도 ______________________.
______________________.

2) 친한 사람에게 배신당한 사람에게
______________________.
______________________.

10 생각과 가치관

활동 설문 조사 후 결과 발표하기

준비하기

1. 팀을 나누고 발표 주제를 정해 봅시다.
   - 발표 주제는 설문 조사가 가능한 것으로 정합니다.

2. 발표 주제와 선택한 이유를 이야기한 뒤에 써 봅시다.

주제	
선택한 이유	

3. 발표 목차를 구성해 봅시다.

<목차>	<목차>
1. 발표 주제 2. 조사 대상 및 설문 문항 3. 설문 조사 결과 4. 조사를 통해 알게 된 점 5. 정리	

4. 팀원들과 의논하여 설문 문항을 만들어 봅시다.

<조사 대상>	설문 조사 방법
1. 성별: ① 남자 ② 여자 2. 국적: ① ② ③ 3. 연령:	1) 조사 대상은 성별, 국적, 연령, 한국 거주 기간, 한국어를 배운 기간 등을 조사합니다. 2) 모든 설문 문항은 객관식으로 작성합니다. 필요하면 '기타' 항목과 의견을 기록할 수 있는 공간을 추가합니다. 3) 두 가지 이상을 답하게 하고 싶을 때는 '복수 응답'을 허용합니다.
<설문 문항>	
1. 여러분은 몇 살에 결혼하고 싶습니까? ① 20~25세 ② 26~30세 ③ 30세 이상 ④ 기타 ____________	

활동하기

1. 설문 조사를 한 뒤 팀원들과 함께 결과를 분석해 봅시다.

(예) 흥미롭다고 생각한 결과, 의외의 결과, 문화 비교 등

취업할 때 가장 중요하게 생각하는 조건은 무엇입니까?

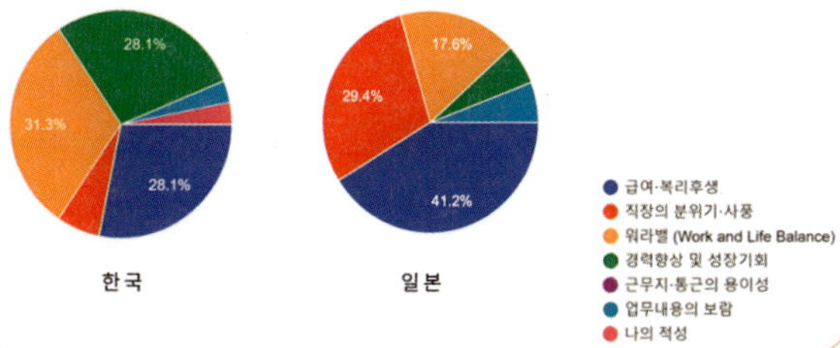

2. 조사 결과를 정리해서 발표해 봅시다.

구조	표현
설문 조사 대상과 주제 밝히기	이/가 ~을/를 대상으로 ~에 대해 조사한 결과는 다음과 같습니다
가장 많이 나온 의견 말하기	이/가 ~%로 가장 많았습니다
	이/가 가장 많은 것으로 나타났습니다
	이/가 대부분이었습니다
두 번째로 많이 나온 의견부터 순서대로 말하기	그다음으로는 ~이/가 %, ~이/가 %의 순이었습니다(순으로 나타났습니다)
기타 의견 말하기	그 밖에 –다는 의견/응답도 있었습니다(적지 않았습니다)
설문 결과 분석하기	흥미로운 결과는 ~
	이러한 결과를 통해 –다는 것을/-(으)ㅁ을 알 수 있었습니다

3. 청중과 질의응답하는 시간을 가져 봅시다.

4. 발표를 들은 뒤 평가해 봅시다.

평가 내용 (5-4-3-2-1)	1조	2조	3조	4조
1. 발표 내용이 의미 있고 흥미로웠다.				
2. 설문 조사와 결과 분석이 충실히 이루어졌다.				
3. 발표 자료를 잘 이해할 수 있도록 만들었다. (글씨 크기 및 모양, 문장 구성, 그림이나 사진 자료 등)				
4. 발표자의 목소리가 크고 발음이 정확했다.				
5. 자연스럽고 자신감 있는 몸짓 언어를 사용했다.				

11

과학과 생활

11-1 / 우리의 생활과 과학

어휘·표현 1	AI 기술과 발명 관련 표현
듣기 1	발명품에 관한 내레이션
읽기 1	미래 생활에 관한 설명문
문법	외에, -다고 해도 과언이 아니다

11-2 / 우주 과학 기술

어휘·표현 2	우주 탐사 관련 표현
읽기 2	우주 과학 기술에 관한 잡지 글
듣기 2	누리호에 관한 인터뷰
문법	(으)로 하여금, -다기에

활동 토론하기 2

1. 그림을 보면서 현재와 미래의 과학 기술에 대해 이야기해 봅시다.

2. 여러분은 과학의 발달이 인간의 삶에 어떤 영향을 미쳤다고 생각합니까?

11-1 우리의 생활과 과학

어휘와 표현 1

1. 과학 기술과 관련된 표현을 알아봅시다.

1) 알맞은 것을 연결하십시오.

① 인공 지능(AI) •	• 사람의 인체를 인식하는 기술이다. 예) 모바일 뱅킹(mobile banking) 인증
② 사물 인터넷 •	• 인간의 지능을 모방한 컴퓨터 시스템이다. 예) 생성형 인공 지능(ChatGPT)
③ 생체 인식 •	• 무선 통신을 통해 각종 사물을 연결하는 기술이다. 예) 스마트 홈(Smart home)
④ 블록 체인(Block chain) •	• 유전체 게놈(Genom)에서 인공적으로 특정 유전자를 편집하여 더하거나 빼거나 대체하는 기술이다. 예) 난치병 치료법
⑤ 유전자 편집 •	• 네트워크 내에서 정보를 투명하게 공유할 수 있도록 블록에 데이터를 저장하는 기술이다. 예) 암호 화폐에 적용된 보안 기술

2) 함께 이야기해 보십시오.

① 생체 인식 기술은 언제 사용합니까?

② 사물 인터넷 기술은 가정에서 어떻게 사용됩니까?

③ 블록 체인은 어느 분야에서 활용되고 있습니까?

④ 식량난을 해결하는 데 활용할 수 있는 기술에는 어떤 것들이 있습니까?

2. 인공 지능 기술과 관련된 표현을 알아봅시다.

시스템을 최적화하다	시간을 단축하다
일자리를 대체하다	개인 정보가 유출되다
상황을 예측하다	윤리적 문제를 일으키다

1) 긍정적인 면과 부정적인 면으로 분류해 보십시오.

긍정적	부정적

2) 함께 이야기해 보십시오.

① 인공 지능 기술의 발달이 인간의 삶에 어떠한 영향을 미칩니까?

② 인공 지능 기술의 문제점을 극복하는 방법에는 무엇이 있습니까?

3. 발명과 관련된 표현을 알아봅시다.

1) 알맞은 단어를 골라 쓰십시오.

호기심	특허	개선	상표	모방

① 발명을 하려면 먼저 모든 사물에 대해 ＿＿＿＿을 갖는 것이 중요합니다.

② 파리의 눈을 보고 카메라 렌즈를 개발한 것처럼 자연이나 사물을 ＿＿＿＿해서 새로운 물건이나 기술을 개발하는 경우가 많습니다.

③ 새로운 물건을 발명한 뒤에도 끊임없이 문제점을 ＿＿＿＿해야 완성도 높은 제품을 만들 수 있습니다.

④ 좋은 아이디어를 가지고 물건을 발명한 후에는 다른 사람들이 따라 하지 못하도록 ＿＿＿＿를 내는 것이 좋습니다. 그렇게 해야 해당 제품을 다른 사람이 모방하는 것을 막을 수 있습니다.

⑤ 음식이나 물건 이름, 가게 상호 같은 이름은 ＿＿＿＿를 등록해야 다른 사람이 이 이름을 사용할 수 없게 됩니다.

2) 함께 이야기해 보십시오.

① 발명을 하는 이유는 무엇입니까?

② 발명을 잘하려면 어떤 능력이 필요합니까?

③ 특허를 내지 않으면 어떤 문제가 생깁니까?

④ 최근 새로 나온 상품에는 무엇이 있습니까? 그 상품은 기존 상품의 어떤 점을 개선하였습니까?

듣기 1

준비하기

1. 우리의 생활을 편리하게 해 준 발명품에는 어떤 것들이 있습니까?

2. 우리가 사용하는 물건들은 무엇을 본떠 만든 것 같습니까? 그림을 보면서 이야기해 보십시오.

1)   2)   3)  

듣기

● 발명품에 관한 내레이션을 듣고 질문에 답하십시오. 11-1

1. 무엇에 대해 이야기하고 있습니까?

자연을 관찰하고 ______________ 해서 만든 발명품

2. 알맞은 것을 연결하십시오.

1) 새의 모양과 날개	•	•	비행기
2) 장미의 가시	•	•	흡착기
3) 오리의 물갈퀴	•	•	수영 핀
4) 문어의 빨판	•	•	가시철망

3. 들은 내용과 같은 것을 모두 고르십시오.

① 생활용품은 대부분 동식물을 관찰해서 만든 경우가 많다. ☐
② 양치기 소년은 이웃과의 갈등을 해결하기 위해 발명을 했다. ☐
③ 오리발은 수영할 때 속도를 내기 위해서 사용한다. ☐
④ 치타의 발톱을 보고 주삿바늘을 발명하였다. ☐

4. 들은 내용을 정리해서 말해 보십시오.

읽기 1

준비하기

1. 일상생활에서 인공 지능 기술이 어떻게 이용되고 있는지 이야기해 보십시오.

읽기

● 미래 생활에 관한 설명문을 읽고 질문에 답하십시오.

우리의 생활에 영향을 미치는 ________________

최근 인공 지능 기술에 대한 관심이 뜨겁다. 인공 지능은 사람의 취향을 분석하여 좋아하는 영화나 음악을 추천하기도 하고, 교통의 흐름을 파악하여 최적의 경로를 찾아 주는 역할도 한다. 또한 이상 기후나 재난을 미리 예측하여 사람들의 안전에도 도움을 주고 있다. 과거에는 인공 지능이 영화에서나 나올 법한 미래 기술로 인식되었으나, 이제는 일상생활의 모든 분야에서 적극적으로 활용되고 있다. 일상생활을 편리하게 만드는 인공 지능 기술의 대표적인 예는 다음과 같다.

ㄱ ______________________

인공 지능 기술이 적용된 세탁기는 세탁물의 종류와 오염도를 파악해 세탁 코스를 스스로 선택한다. 건조기 또한 마찬가지이다. 인공 지능이 알아서 빨래와 건조를 하는 것이다. 주방에서 사용하는 식기세척기 또한 설거지할 그릇의 오염도를 파악하여 세척을 한다. 이뿐만 아니라 사용자의 식습관을 분석하여 자동으로 최적의 조리법을 찾아 주는 인공 지능 오븐도 있다.

ㄴ ______________________

인공 지능은 자동차 기술도 완전히 바꾸어 놓았다. 사용자가 원하는 목적지를 설정하면 자동차가 알아서 운전을 한다. 더 이상 사람이 핸들을 잡고 도로의 모든 상황을 살피면서 운전하지 않아도 되는 것이다. 그리고 사용자의 편의에 맞게 여러 시스템을 스스로 조절하는데, 예를 들면 추운 겨울에는 온열 시트를 켜고 더운 여름에는 에어컨을 작동시켜 내부 온도를 쾌적하게 유지한다. 또한 인공 지능은 위성을 통해 도로 상황을 분석하여 주변 차들과 안전거리를 유지함으로써 사고가 날 확률을 낮춘다.

ㄷ ______________________

인공 지능은 개인의 업무 효율성을 높이는 데도 도움이 되고 있다. 일정을 관리하거나 예약을 대신해 주는 등 업무를 보조한다. 또한 특정 모임 장소나 목적에 맞추어 어울릴 만한 옷과 화장법, 머리 스타일 등을 제안하기도 한다. 그리고 이런 정보를 종합하여 쇼핑할 때 활용할 수 있는 데이터로 제공한다. 개인의 취향이나 기분을 분석하여 좋아하는 음악이나 영화, 맛집, 뉴스 등을 추천하기도 한다. 즉, 개인 맞춤형 비서의 역할을 하는 것이다.

이와 같이 인공 지능 기술은 사람들의 삶 곳곳에 영향을 미치고 있다. 인공 지능 기술은 우리의 삶과 떼려야 뗄 수 없는 존재가 되었다고 해도 과언이 아니다. 그러나 인공 지능 기술이 발달하면 할수록 사회적, 윤리적 측면에 대한 문제도 생길 수밖에 없다. 이러한 문제를 고려하면서 기술을 발전시켜 나간다면 인공 지능은 사람들의 삶을 더욱 풍요롭고 효율적으로 만들어 줄 것이다.

1. 글의 제목을 완성하십시오.

우리의 생활에 영향을 미치는 ______________________

2. 알맞은 소제목을 연결하십시오.

ㄱ	•	•	비서 역할을 하는 인공 지능
ㄴ	•	•	똑똑해지는 가전제품
ㄷ	•	•	변화하는 자동차 기술

3. 묻고 대답하십시오.

1) 인공 지능 기술이 적용된 가전제품에는 어떤 것들이 있습니까?
2) 자동차에 이 기술이 어떻게 활용되고 있습니까?
3) 이 기술이 교통사고를 낮출 수 있는 이유는 무엇입니까?
4) 이 기술로 생길 수 있는 문제점은 무엇입니까?

4. 다음 표현을 이용하여 읽은 내용을 정리해서 말해 보십시오.

인공 지능 기술 1	가전제품 파악하다 자동 최적화
인공 지능 기술 2	자동차 조절하다 위성 사고 줄이다
인공 지능 기술 3	비서 보조하다 분석하다 추천하다

5. 함께 이야기해 보십시오.

1) 인공 지능 기술의 긍정적인 점은 무엇입니까?
2) 이 기술의 부정적인 점은 무엇입니까?
3) 이 기술이 앞으로 어떤 분야에 활용됐으면 좋겠습니까?

문법

문법 1 외에

1. 다음 문법의 의미를 생각해 봅시다.

- 비행기 **외에도** 가시철망, 오리발 등은 인간이 자연을 보고 만든 것입니다.
- 그 신문은 한국어 **외에도** 중국어, 일본어 등 다국어로 기사를 제공하고 있다.
- 전화번호 **외에는** 우리가 그 학생에게 연락할 수 있는 다른 방법이 없다.

2. 다음과 같이 문장을 완성해 봅시다.

1) 개구리는 겨울잠을 자는 동물인데, 개구리 외에도 겨울잠을 자는 동물이 많다.

2) 흡연은 ________________ 다양한 질병의 원인이 된다.

3) 학생회관에는 ________________ 다양한 편의 시설을 갖추고 있다.

4) 공부할 장소는 도서관 외에도 ________________.

5) 대학을 결정할 때는 적성 외에도 ________________.

3. 다음과 같이 문장을 바꿔서 말해 봅시다.

1) 그는 국수 외에는 다른 음식은 먹지 않아요.

1) 그는 다른 음식은 전혀 먹지 않고 국수만 먹는다.
2) 지금은 다른 방법은 전혀 없고 수술밖에 방법이 없다.
3) 민수는 다른 여자는 전혀 쳐다보지 않고 여자 친구만 본다.
4) 배가 고파서 다른 것은 눈에 보이지 않고 오직 먹을 것만 눈에 보인다.
5) 도서관이 너무 조용해서 다른 소리는 들리지 않고 글 쓰는 소리만 들린다.

4. 함께 이야기해 봅시다.

1) 여러분이 자주 사용하는 앱에는 어떤 기능들이 있습니까?
2) 최근 주목을 받고 있는 과학 기술에는 어떤 것들이 있습니까?
3) 과학 기술의 발전으로 미래가 어떻게 달라질 것 같습니까?

문법 2 -다고 해도 과언이 아니다

1. 다음 문법의 의미를 생각해 봅시다.

- 인공 지능 기술은 우리의 삶과 떼려야 뗄 수 없는 존재가 되었다고 해도 과언이 아니다.
- 이번 시험이 나의 미래를 결정한다고 해도 과언이 아니다.
- 그는 세계 최고의 피아니스트라고 해도 과언이 아니다.

2. 다음과 같이 말해 봅시다.

1) 저 가수보다 노래를 잘하는 사람은 없다고 해도 과언이 아니에요.

1) 저 가수보다 노래를 잘하는 사람은 없다.
2) 이번에 출시된 제품이 회사를 살리다.
3) 그 과학자보다 똑똑한 사람은 없다.
4) 케이팝이 한국의 이미지를 바꾸어 놓다.

3. 다음과 같이 문장을 완성해 봅시다.

1) 이 물리책을 쓴 사람은 천재라고 해도 과언이 아니다.
2) 그 사건으로 인해 ________________.
3) 이곳의 야경은 ________________.
4) 우리 나라의 미래는 ________________.

4. 함께 이야기해 봅시다.

1) 여러분이 알고 있는 사람 중에서 칭찬받을 만한 사람은 누구입니까?
2) 최근에 간 장소는 어디입니까? 그곳은 어떤 점이 제일 마음에 듭니까?
3) 여러분 나라의 훌륭한 예술 작품이나 건축물에는 어떤 것이 있습니까?

11-2 우주 과학 기술

어휘와 표현 2

1. 우주와 관련된 표현을 알아보고, 알맞은 단어를 골라 쓰십시오.

태양계	은하계	우주선	우주인	우주 정거장

1)

2)

3)

4)

5)

2. 우주 탐사와 관련된 표현을 알아봅시다.

1) 알맞은 표현을 골라 쓰십시오.

우주를 탐사하다	우주선을 발사하다	궤도에 진입하다	달/행성에 착륙하다	우주선을 개발하다

①

②

③

④

⑤

2) 함께 이야기해 보십시오.

① 우주선을 최초로 개발한 나라는 어디입니까?

② 우주인이 되기 위해서는 어떤 조건을 갖춰야 합니까?

③ 역사상 처음으로 달에 착륙한 우주인은 누구입니까?

④ 우주 탐사를 소재로 만든 영화 중에서 인상적인 영화는 무엇입니까?

3. 힘과 관련된 어휘를 알아봅시다.

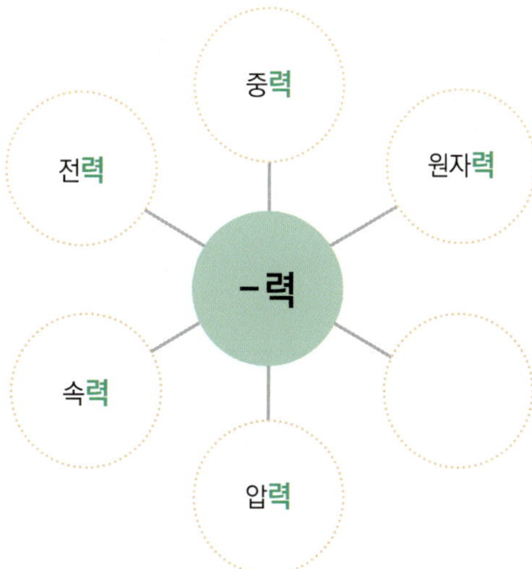

1) 알맞은 단어를 쓰십시오.

① ________은 원자의 핵반응으로 얻어지는 에너지이다.

② 깊은 바다에서는 ________의 세기가 커서 오래 버티기 힘들다.

③ 지구가 끌어당기는 ________이 있기 때문에 땅 위에 사람이 서 있을 수 있다.

2) 함께 이야기해 보십시오.

① 중력이 없다면 어떤 일이 벌어질까요?

② 여러분 나라에서 전력 수요가 많은 계절은 언제입니까?

③ 육지, 바다, 하늘에서 가장 빠른 동물의 속력은 시속 몇 km입니까?

읽기 2

준비하기

1. 우주인이 우주에서 생활할 때 어떤 것들이 불편할 것 같습니까?

2. 왜 그것이 불편할 거라고 생각합니까?

읽기

● 과학 잡지 글을 읽고 질문에 답하십시오.

우리 생활에 숨겨진 우주 탐사의 비밀

우주 탐사는 나의 삶과 어떤 관계가 있을까? 나와 동떨어진 먼 나라 이야기는 아닐까? 이렇게 생각하는 사람이 있다면 우리의 일상생활을 돌아보자. 그러면 우리가 매일 사용하는 가전제품, 식품 등에 우주 과학 기술의 비밀이 숨어 있다는 것을 알게 될 것이다. 우주에서는 지구에서 생활하는 것과 똑같이 생활할 수 없다. 그 불편함이 사람들로 하여금 새로운 기술을 개발하도록 하는 계기가 되었다. 일상생활에서 발견할 수 있는 재미있는 우주 과학 기술에는 어떤 것이 있는지 웹진 〈WOW〉에서 소개하고자 한다.

달에서 찍어 온 우주 사진을 보기 위해 나사(NASA)에서는 디지털 영상 처리 기술을 개발하였다. 이 기술이 병원의 MRI와 CT에 사용되면서 인체의 내부 모습을 자세하게 촬영할 수 있게 되었다.

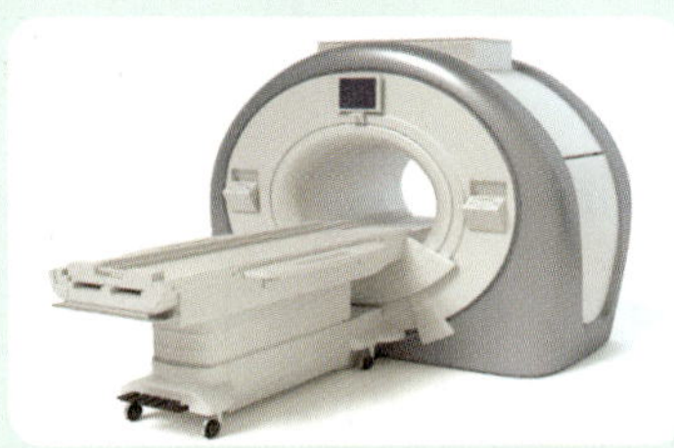

MRI

전자레인지

우주선 안에서는 불꽃이 생기는 조리 기구를 사용할 수 없다. 그래서 좁은 우주선에서 간단하게 음식을 조리할 수 있도록 전자기파를 이용한 장비가 개발되었다. 이것이 우리가 지금 즐겨 사용하는 가정용 전자레인지가 된 것이다.

1979년에 나사의 연구원인 프랭크 루디가 우주인용 에어 신발을 발명했다. 이 신발은 공기층을 넣어 충격을 줄임으로써 관절을 보호한다. 이후 유명 신발 제조업체에서 이 기술을 이용하여 선수용 운동화를 제작했다. 이 운동화는 마라톤의 기록을 단축하는 데 도움을 주었다.

에어 운동화

이온 정수기

우주선에는 많은 양의 물을 실을 공간이 부족하다. 따라서 쓰고 남은 물이나 우주인의 목욕물, 심지어 우주인의 소변까지 깨끗하게 만들어 재사용해야 한다. 그래서 1970년 나사에서는 물 부족 문제를 해결하기 위해 오염 물질을 걸러 주는 이온 정수기를 개발했다.

우주에서 필요한 식품의 보관과 이동을 용이하게 하기 위해서 냉동 건조식품이 개발되었다. 먼 우주까지 음식이 상하지 않도록 식품의 수분을 제거하여 얼린 다음 진공 포장을 했다. 이것이 냉동 건조식품이 탄생하게 된 배경이다.

냉동 건조식품

1. 이 기사를 쓴 목적은 무엇입니까?

일상생활에 활용된 ______________ 을 소개하기 위해서

2. 알맞은 것을 연결하십시오.

1) 전자레인지	•	•	전자기파를 이용하여 음식을 조리한다.
2) 에어 운동화	•	•	오염 물질을 걸러 내어 식수를 해결한다.
3) 이온 정수기	•	•	공기층으로 충격을 줄여 관절을 보호한다.
4) 냉동 건조식품	•	•	식품의 물기를 빼서 얼린 다음 진공 포장을 한다.

3. 읽은 내용과 같은 것을 모두 고르십시오.

① 우주 생활의 불편함을 해소하기 위해 다양한 물품이 개발되었다. □

② 디지털 영상 처리 기술은 달에서 찍은 우주 사진을 보기 위해 개발되었다. □

③ 우주인의 에어 신발은 선수용 운동화를 모방하여 개발했다. □

④ 전자기파를 이용하여 냉동 건조식품을 개발했다. □

4. 읽은 내용을 정리해서 말해 보십시오.

듣기 2

준비하기

1. 그림을 보면서 이야기해 보십시오.

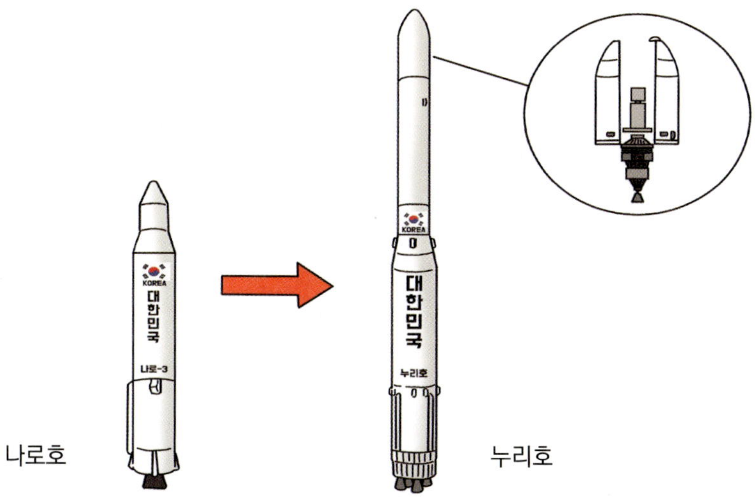

1) 우주 발사체가 무엇인지 알고 있습니까?
2) 한국의 우주 발사체에는 어떤 것들이 있습니까?

2. 우주 발사체를 개발한 나라에 대해 알아보십시오.

듣기

● **누리호에 관한 인터뷰를 듣고 질문에 답하십시오.** 11-2

1. 무엇에 대해 이야기하고 있습니까?

누리호 __________ 의 의미

2. 다음 표를 완성하십시오.

질문	대답
누리호가 무엇입니까?	______로 만든 엔진을 사용한 최초의 ______입니다.
우주 과학에 언제부터 관심을 갖게 되셨습니까?	닐 암스트롱이 달에 ______는 모습을 본 후 관심을 갖게 되었습니다.
한국 우주 과학의 미래를 어떻게 보십니까?	6G 네트워크와 같은 ______는 물론 유인 탐사선, 심지어 ______까지 혁신적인 성과들을 보시게 될 겁니다.

3. 묻고 대답하십시오.

1) 한국 최초의 우주 발사체는 무엇입니까?
2) 누리호와 나로호의 차이는 무엇입니까?
3) 어느 나라가 1톤 이상의 위성을 발사할 수 있는 기술을 가지고 있었습니까?
4) 누리호의 발사 성공이 갖는 의미가 무엇입니까?
5) 한국의 우주 과학 기술이 발전하려면 무엇이 필요합니까?

4. 다음 표현을 이용하여 들은 내용을 정리해서 말해 보십시오.

누리호 발사 성공	최초 / 우주 발사체 / 국제적 수준 / 도달하다
한국 우주 과학의 미래	통신 분야 / 유인 탐사선 / 우주여행

5. 함께 이야기해 보십시오.

1) 우주여행이 가능하다면 우주여행을 하고 싶습니까?
2) 우주 탐사가 왜 필요하다고 생각합니까?

전달력 향상하기

● 발음에 주의하면서 읽어 보십시오.

1) 누리호는 한국 우주 과학 분야에서 가지는 의미가 특별합니다.
2) 나로호는 한국 최초의 우주 발사체입니다.
3) 제작에 참여한 연구원으로서 한국 우주 과학의 미래를 어떻게 보십니까?

문법

문법 3 (으)로 하여금

1. 다음 문법의 의미를 생각해 봅시다.

- 생활의 불편함이 **사람들로 하여금** 새로운 기술을 개발하도록 하는 계기가 되었다.
- 통일에 관한 보도는 **국민으로 하여금** 통일 문제에 관심을 가지게 하였다.
- 선생님의 따뜻한 말씀이 **학생들로 하여금** 자신감을 갖게 했다.

2. 다음과 같이 말해 봅시다.

1) 꿈은 사람들로 하여금 인생을 열심히 살게 만듭니다.

1) 꿈 – 사람들 – 인생을 열심히 살다
2) 광고 – 소비자 – 물건을 사고 싶다
3) 좋은 부모 – 아이들 – 스스로 결정하다
4) 액션 장면 – 시청자 – 눈을 뗄 수 없다
5) 이 노래의 리듬 – 듣는 사람들 – 따라 부르다

3. 다음과 같이 문장을 완성해 봅시다.

1) 그 소문은 대통령 후보로 하여금 스스로 물러나게 만들었어요.
2) 그 강연은 나로 하여금 진로를 ______________________.
3) 영화제에서 수상한 그 영화는 관객으로 하여금 삶에 대해 ______________________.
4) 극심한 부담감은 그로 하여금 잠조차 ______________________.
5) 노벨 문학상을 받은 작품들은 독자로 하여금 ______________________.

4. 함께 이야기해 봅시다.

1) 자신에게 좋은 영향을 미친 사람은 누구입니까? 왜 그렇게 생각합니까?
2) 잘못된 생활 습관은 사람들에게 어떤 영향을 미친다고 생각합니까?
3) 최근 사람들의 관심을 끄는 사건이 있었습니까? 그 사건 때문에 사람들의 생각에는 어떤 변화가 생겼습니까?

문법 4 -다기에

1. 다음 문법의 의미를 생각해 봅시다.

- 사람이 달에 착륙하는 것을 **생중계한다기에** 늦은 밤까지 기다렸다.
- 민수가 요즘 스트레스를 많이 **받는다기에** 같이 노래방에 갔어요.
- 이 비누가 피부에 **좋다기에** 하나 샀어요.

2. 다음과 같이 말해 봅시다.

1) 친구가 냉면이 먹고 싶다기에 만들어 줬어요.

1) 친구 — "냉면이 먹고 싶어." ➡ 내가 만들어 줬다.

2) 동료 — "부산으로 여행을 가요." ➡ 내가 맛집을 추천해 줬다.

3) 선생님 — "다음 주에 발표 수업을 해요." ➡ 내가 발표 연습을 했다.

4) 가게 사장님 — "일요일에는 문을 안 열어요." ➡ 내가 다른 가게에 갔다.

5) 봉사 단체 — "자원봉사자를 모집해요." ➡ 내가 자원봉사 신청을 했다.

3. 다음과 같이 문장을 완성해 봅시다.

1) 진수가 저녁을 준비한다기에 저는 집안 청소를 했어요.

2) ______________________ 깜짝 선물을 준비했어요.

3) ______________________ 주말에 가서 옷을 사려고 해요.

4) 친구가 요리를 배운다기에 ______________________.

5) 동생이 유학을 가고 싶다기에 ______________________.

6) 퇴근 시간이라 길이 막힌다기에 ______________________.

4. 함께 이야기해 봅시다.

1) 다른 사람의 말을 듣고 어떤 일을 결정한 적이 있어요?

2) 뉴스나 인터넷의 정보를 보고 누군가를 도와준 적이 있어요?

활동 토론하기 2

준비하기

1. 인간의 지능과 인공 지능은 어떻게 다른지 알아봅시다.

1) 인간이 인공 지능보다 잘할 수 있는 것은 무엇입니까?

2) 인공 지능이 인간보다 잘할 수 있는 것은 무엇입니까?

2. 여러분은 인공 지능이 인간의 일자리를 대신할 수 있다고 생각합니까? 왜 그렇게 생각합니까?

〈인공 지능이 대체할 가능성이 높은 직업〉

1위 기술직

2위 금융직

3위 법률직

4위 교사

3. 아래의 표현을 사용하여 자신의 의견을 이야기해 봅시다.

입장 표명하기	근거 말하기
• 저는 –다고 봅니다/생각합니다 • –다고 (강력하게) 주장합니다 • 저는 ~에 대해 –는 입장입니다	• –다는 점에서 –다고 생각합니다 • –기 때문에 –다고 생각합니다 • –다고 볼 수 있으니까요 • 에 의하면 –다고 합니다 • –기에 ~(이)라고 주장하는 바입니다 • 제가 그렇게 생각하는 이유는 –기 때문입니다

반대하기	동의하기	추가 설명 요청하기
• 제 생각은 좀 다릅니다 • 저는 -다는 의견에 반대합니다 /동의할 수 없습니다 • -다고 해서 -는 것은 아닙니다	• 전적으로 동감합니다 • 저도 -다는 의견에 (부분적으로) 동의합니다 • 그 말에도 일리는 있지만	• 다시 한번 설명해 주시겠습니까? • 가져오신 자료의 출처를 말씀해 주시겠습니까?

예) 저는 인공 지능이 인간의 일자리를 <u>대신할 수 없다고 생각합니다. 제가 그렇게 생각하는 이유는</u> 인공 지능은 감정이 필요한 직업에 사용하기 <u>어렵기 때문입니다.</u> 고객 상담사, 교사와 같이 감정이 필요한 직업은 인공 지능만으로는 <u>불충분하다고 봅니다.</u>

의견 말하기
입장: 근거 ① ② ③

활동하기 1

1. 다음 주제를 보고, 자신의 의견을 표시해 봅시다.

1) 인공 지능 의사 도입 찬성 □ 반대 □
2) 인공 지능 판사 도입 찬성 □ 반대 □
3) 인공 지능 디지털 교과서 도입 찬성 □ 반대 □

2. 자신의 의견을 선택한 뒤에 근거를 찾아봅시다.

입장	
근거	

3. 같은 의견을 가진 사람과 팀을 만들고, 주장에 대한 근거를 정리해 봅시다.

근거 말하기	
근거	① ② ③ ④ ⑤ ⑥

4. 상대 팀의 의견을 예상해 보고, 반대할 근거를 만들어 봅시다.

반대 말하기	
예상	① ② ③
반박 근거	① ② ③

11 과학과 생활

활동하기 2

1. 토론 순서를 정해 봅시다.

2. 앞에서 정리한 근거를 활용하여 토론해 봅시다.

3. 토론 후 자신의 생각을 정리해서 써 봅시다.

인공 지능 기술 도입에 대해 어떻게 생각합니까? 그 이유는 무엇입니까?

12 시대와 인물

12-1 / 다산 정약용

어휘·표현 1	민원 및 공직 관련 표현
듣기 1	행정 서비스에 관한 인터뷰
읽기 1	다산 정약용에 관한 평전
문법	-(으)ㄴ 이래, -는 내내

12-2 / 바람직한 인간상

어휘·표현 2	공익 및 축사 관련 표현
읽기 2	용감한 시민에 관한 신문 기사
듣기 2	시민상 수여에 관한 축사 및 수상 소감
문법	-(으)라고, 만으로도

활동 수상 소감 발표하기

1. 여러분은 사회나 공동체가 잘 유지되기 위해서 무엇이 필요하다고 생각합니까?

2. 더불어 사는 사회를 위해 애쓰는 분들은 누구입니까? 왜 그렇게 생각합니까?

12-1 다산 정약용

어휘와 표현 1

1. 민원과 관련된 표현을 알아봅시다.

1) 알맞은 표현을 골라 쓰십시오.

민원을 넣다	결과를 알리다	민원을 제기하다	민원을 처리하다

시민		행정 기관	
①	②	③	④
문제점을 느끼다 궁금증이 생기다 개선을 요구하다 정책을 제안하다	전자 민원 (국민신문고 홈페이지) 서신 민원 전화 민원	사실을 확인하다 신속하게 처리하다 처리가 지연되다	해결 미반영 보류

2) 함께 이야기해 보십시오.

① 여러분 나라에서는 어떤 문제로 민원을 제기합니까?

② 여러분 나라에서는 주로 어떤 방법으로 민원을 넣습니까?

③ 여러분 나라의 행정 기관은 민원을 신속하게 처리하는 편입니까?

④ 여러분은 정부에 어떤 정책을 제안하고 싶습니까? 그 이유는 무엇입니까?

2. 공직자의 태도와 관련된 표현을 알아봅시다.

1) 긍정적인 태도와 부정적인 태도로 분류해 보십시오.

책임감을 가지다	비리를 저지르다	공익을 우선시하다
태도가 무성의하다	타성에 젖다	청렴을 실천하다

긍정적인 태도	부정적인 태도

2) 함께 이야기해 보십시오.

① 공무원이 공익을 우선시하지 않는다면 어떻게 될 것 같습니까?

② 여러분은 공무원의 무성의한 태도에 기분이 상했던 경험이 있습니까?

③ 공무원에게 가장 필요한 태도는 무엇이라고 생각합니까? 그 이유는 무엇입니까?

④ 이 외에도 공무원이 보이는 긍정적이거나 부정적인 태도에는 어떤 것이 있습니까?

3. 공직자의 태도와 관련된 사자성어를 알아봅시다.

1) 알맞은 단어를 골라 쓰십시오.

솔선수범	근검절약	언행일치	청렴결백

① 그분은 자신이 말한 것은 꼭 실천하며 ______________________를 몸소 보여 주고 있다.

② 선생님은 학생들에게 작은 지출도 아끼라며 ______________________하는 삶을 강조했다.

③ 대표가 먼저 ______________하는 자세로 업무를 하면 직원들도 자연스럽게 따라오게 된다.

④ 거짓이나 비리가 없는 ________________한 사회를 만들기 위해 우리 모두 노력해야 한다.

2) 함께 이야기해 보십시오.

① 공직자들에게 청렴결백한 태도가 필요한 이유는 무엇입니까?

② 사람들이 언행일치를 하지 않는다면 어떤 문제가 생길 것 같습니까?

③ 여러분은 대통령과 같은 지도자들이 어떤 일에 솔선수범하기를 바랍니까?

④ 여러분이 존경하는 사회적 인물은 누구입니까? 그분은 어떤 태도를 지녔습니까?

듣기 1

준비하기

1. 여러분은 전화번호 '120'에 대해 들어 본 적이 있습니까?

2. 그림을 보면서 이야기해 보십시오.

〈출처: 120다산콜재단 홈페이지〉

1) 여기에서는 어떤 상담을 제공하고 있습니까?

2) 여러분은 어떤 상담을 해 보고 싶습니까? 왜 그 상담을 하고 싶습니까?

3. 다음 표를 보면서 내용과 같은 것을 모두 고르십시오.

이름	정약용
호	다산, 사암, 여유당 등
출생	1762년(영조 38년)
사망	1836년(헌종 2년)
소개	• 조선 후기의 대표적 실학자 • 『목민심서』, 『경세유표』, 『흠흠신서』 등 저술

① 정약용은 1836년에 태어났다. □

② 다산은 정약용의 호 중 하나이다. □

③ 정약용은 조선 후기 실학의 대표적인 인물이다. □

듣기

● 행정 서비스에 관한 인터뷰를 듣고 질문에 답하십시오. 12-1

1. '120다산콜재단'은 어떤 업무를 하는 곳입니까?

서울 시민의 ______ 과 ______ 접수 기능을 수행하는 곳이다.

2. 다음 표를 완성하십시오.

번호	의미
숫자 1	______ 시민의 ______ 만을 위해
숫자 2	두 배의 ______ 으로 두 배의 ______ 을
숫자 0	시민의 ______ 이 ______ 때까지 힘쓰겠다.

3. 들은 내용과 같은 것을 모두 고르십시오.

① 120다산콜재단은 서울시 공무원들이 소통하는 기관이다. ☐
② 이 서비스는 전화로 하루 평균 2만 건의 상담을 제공한다. ☐
③ 서울시와 관련된 민원은 120으로 전화하면 해결할 수 있다. ☐
④ 이 재단의 이름에는 조선 시대의 학자 정약용의 정신이 담겨 있다. ☐

4. 들은 내용을 정리해서 말해 보십시오.

12 시대와 인물

읽기 1

준비하기

1. 여러분은 수원 화성에 대해 들어 본 적이 있습니까?

2. 다음은 수원 화성과 관련된 것입니다. 해당 내용을 찾아보십시오.

거중기	🔍

(옛날에) 무거운 물건을 들어 올리는 데에 쓰는 기계.

- **거중기**의 기능.
- **거중기**를 발명하다.
- **거중기**를 쓰다.
- **거중기**를 이용하다.

검색어	검색 내용
정조	
사도세자	
배다리	
세계 유산	

● 다산 정약용에 관한 평전을 읽고 질문에 답하십시오.

다산 정약용의 ____________

가 정약용은 1762년 지금의 경기도 남양주시에서 정재원의 넷째 아들로 태어났다. 그의 집안은 학문으로 이름이 높아서 다산은 어려서부터 부친에게 학문을 배웠다. 15세에 부친을 따라 서울에 온 그는 백성들의 실생활에 도움을 주고자 하는 실학에 관심을 가지게 되었다. 이후 22세에 교육 기관인 성균관에 들어갔고 시험에서 매번 높은 성적을 받으며 왕인 정조의 눈에 들었다.

다산 정약용

나 다산은 28세에 관직에 오르면서 재능의 꽃을 피우기 시작했다. 당시 정조는 아버지 사도세자를 그리워하여 매년 한강을 건너 사도세자의 묘가 있는 수원을 찾곤 했다. 그러나 많은 인원과 말이 한강을 건너는 것은 여간 어려운 일이 아니었다. 이에 정조는 다산에게 그 해결책을 물었고, 다산은 고심 끝에 여러 척의 배들을 연결해 다리로 활용하였다. 이 배다리 덕분에 왕의 행렬은 안전하고 손쉽게 한강을 건널 수 있었다. 정조는 수원 화성을 지을 때도 다산에게 설계를 맡겼다. 다산은 수원 화성의 설계에 참여했고 성을 짓는 과정에서 거중기도 발명했다. 거중기는 무거운 돌이나 물건을 들어 올리는 기계로 성을 지을 때 활용되어 백성들의 수고를 덜어 주었다. 이처럼 다산은 학자인 동시에 과학과 기술에 대한 지식도 갖춘 창의적인 인물이었다.

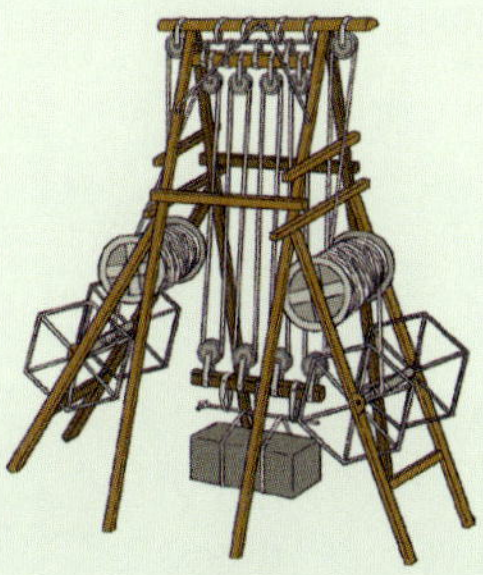

거중기

다 다산은 정조가 죽은 후 39세에 관직에서 물러났다. 하지만 이후 천주교를 믿었다는 죄로 전라도 강진에 유배되어 18년 동안 머물게 된다. 그러나 그는 긴 유배 기간 내내 좌절하지 않고 학문 연구와 저술 활동에 열중하여 500여 권의 책을 집필했으며 제자 양성에도 힘썼다. 이때 다산은 관직에 있었던 경험을 돌아보며 『목민심서』를 집필했는데, 이 책에서 그는 공직자가 가져야 할 가장 큰 덕목으로 청렴을 뽑았다. 공직자의 비리가 나라를 망하게 한다고 여긴 것이다. 근검절약 정신 또한 강조했는데 그 이유는 검소해야 청렴할 수 있기 때문이었다. 그는 공직 생활을 하는 내내 이를 실천하며 백성을 위하는 위민 정신을 보여 주었다.

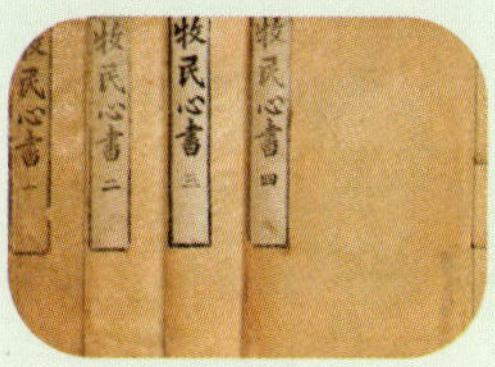

목민심서

라 정약용은 1836년 74세의 나이로 사망했다. 다산은 뛰어난 학자이자 공직자로서 백성에 대한 사랑을 몸소 실천한 인물이다. 그의 탄생 250주년에 동양인 최초로 2012년 유네스코(UNESCO) '세계기념인물'로 선정되었는데, 이는 다산의 업적이 한국을 넘어 세계적으로도 인정받고 있음을 보여 준다.

1. 이 글의 제목으로 적절한 것을 고르십시오.

① 다산 정약용의 관직 생활 □　　② 다산 정약용의 삶과 업적 □

2. 알맞은 중심 내용을 연결하십시오.

가 •		• 다산의 관직 생활과 업적
나 •		• 다산의 유배 생활과 저서
다 •		• 다산의 현대적 가치
라 •		• 다산 정약용에 대한 소개

3. 묻고 대답하십시오.

1) 다산이 관심을 가진 실학은 어떤 학문입니까?
2) 배다리와 거중기는 각각 언제 사용한 물건입니까?
3) 다산이 가장 중요하게 생각한 공직자의 덕목과 그 이유는 무엇입니까?
4) 다산이 유네스코 세계기념인물로 선정된 것은 어떤 의미가 있습니까?

4. 다음 표현을 이용하여 읽은 내용을 정리해서 말해 보십시오.

정약용의 관직 생활	정조　배다리　수원 화성　거중기
정약용의 유배 생활	학문 연구　저술 활동　제자 양성

5. 함께 이야기해 보십시오.

1) 여러분 나라에서 존경받는 공직자는 누구입니까? 그분이 존경받는 이유는 무엇입니까?
2) 유네스코 세계기념인물에 선정된 분을 찾아 소개해 봅시다.
3) 우리 시대에 필요한 인물은 어떤 사람이라고 생각합니까? 그렇게 생각하는 이유는 무엇입니까?

문법

문법 1 -(으)ㄴ 이래

1. 다음 문법의 의미를 생각해 봅시다.

- 우리 재단은 2007년 '120다산콜' 서비스를 **시작한 이래** 지금까지 서울 시민의 상담과 민원 접수를 담당하고 있습니다.
- 박민수 작가의 작품은 **발표된 이래** 꾸준한 사랑을 받고 있다.
- 대한민국은 **건국 이래** 급격한 변화를 겪으며 성장하고 있다.

2. 알맞은 것을 골라 써 봅시다.

보기	✓창립	유사	관측	데뷔	건국

1) 우리 회사는 올해 신제품 개발로 창립 이래 최고의 매출을 올렸다.
2) 그 가수는 뛰어난 가창력으로 ______________ 지금까지 팬들의 사랑을 받고 있다.
3) 우리 나라에서도 ______________ 최초로 여성 대통령이 탄생했다.
4) 기상 ______________ 이렇게 눈이 많이 온 것은 처음 있는 일이다.
5) 지금 인류는 ______________ 가장 심각한 환경 문제를 겪고 있다.

3. 알맞은 것을 연결한 뒤에 말해 봅시다.

1) 우리 학교는 개교한 이래 80년 동안 많은 인재를 양성했습니다.

1) 우리 학교는 개교했다 •	• 온실가스 감축을 위해 노력해 왔다
2) 교육연구소를 설립했다 •	• 80년 동안 많은 인재를 양성했다
3) 이 책은 40년 전 출간되었다 •	• 자국의 역사를 바로잡기 위해서 애썼다
4) 그 나라는 강대국으로부터 독립했다 •	• 현재까지도 독자에게 사랑받고 있다
5) 국제 사회는 1992년 기후 협약을 맺었다 •	• 다양한 교육 문제를 해결하고자 노력했다

4. 함께 이야기해 봅시다.

1) 유사 이래 인간에게 가장 도움이 된 발명품은 뭐라고 생각합니까? 왜 그렇습니까?
2) 여러분 나라에서 건국 이래 가장 큰 사건은 무엇입니까? 그 사건은 어떤 영향을 줬습니까?
3) 여러분 나라에서 출간된 이래 지금까지 사랑받는 문학 작품은 무엇입니까? 왜 그 작품이 사랑을 받는다고 생각합니까?

문법 2 -는 내내

1. 다음 문법의 의미를 생각해 봅시다.

- 다산은 공직 생활을 **하는 내내** 근검절약을 실천하며 위민 정신을 보여 주었다.
- 영화가 너무 무서워서 영화를 **보는 내내** 눈을 뜰 수가 없었다.
- 장마철이라 **오후 내내** 비가 주룩주룩 내리고 있다.

2. 알맞은 것을 골라 써 봅시다.

보기	✓ 겨울	휴가	일주일	발표	면접

1) 지난 __겨울 내내__ 감기가 떨어지지 않아서 고생을 많이 했다.
2) 철수는 교수님 앞이라 긴장했는지 ______________ 목소리가 가늘게 떨렸다.
3) 회사에서 ______________ 야근을 한 직원이 과로로 쓰러졌다.
4) 지원자들은 ______________ 긴장한 얼굴로 면접관들의 질문에 대답했다.
5) 이번 여름 ______________ 바닷가에서 놀았더니 피부가 많이 탔다.

3. 알맞은 것을 연결한 뒤에 말해 봅시다.

1) 그 사람은 대화하는 내내 상대방의 눈을 쳐다보며 집중했어요.

1) 그 사람은 대화하다 •	• 얼마나 걱정이 됐는지 모른다
2) 우리 가족은 여행하다 •	• 기쁨의 눈물을 감추지 못했다
3) 할머니는 아들의 편지를 읽다 •	• 상대방의 눈을 쳐다보며 집중했다
4) 그 학생은 무슨 일이 있는지 수업하다 •	• 설명에 집중하지 못하는 것 같았다
5) 늦게까지 집에 오지 않는 아이를 기다리다 •	• 아름다운 자연에 푹 빠져 지냈다

4. 함께 이야기해 봅시다.

1) 지난 방학 내내 여러분이 꾸준히 한 일은 무엇입니까?
2) 여러분이 건강을 위해서 1년 내내 하는 일은 무엇입니까?
3) 모범생과 그렇지 못한 학생은 수업 시간에 각각 어떻게 행동합니까?

12-2 바람직한 인간상

어휘와 표현 2

1. 공익과 관련된 표현을 알아봅시다.

1) 알맞은 단어를 골라 쓰십시오.

선행　효행　✔ 배려　양보　희생　화합　존중　정직

배려	①	②	③
다리가 아파도 경로석이나 임산부석에 앉지 않는 행동	화재 현장에서 사람을 구하다가 목숨을 잃은 소방관의 행동	다른 가치관을 가진 사람과 어울리려고 노력하는 행동	엘리베이터를 탈 때 다른 사람에게 먼저 타라고 하는 행동

④	⑤	⑥	⑦
나보다 어린 사람의 말이나 생각에도 귀 기울이는 행동	봉사나 기부와 같이 다른 사람을 돕는 착한 행동	부모님의 마음이 편하게끔 잘 모시는 행동	자신의 잘못을 거짓 없이 솔직하게 고백하는 행동

2) 알맞은 표현을 골라 쓰십시오.

의롭다　용감하다　귀감이 되다　위험을 무릅쓰다　불의에 맞서다

① 그는 성실한 태도와 책임감 있는 행동으로 모두에게 ______________고 있다.
② 거짓말로 사람을 속여서 돈을 버는 것은 ______________지 못한 행동이다.
③ 내 친구는 처음 해 보는 일도 두려워하지 않고 ______________게 도전하는 편이다.
④ 소방관은 화재 현장에서 ______________고 사람들을 구하기 위해 노력한다.
⑤ 인종 차별이나 성차별 같은 사회적 ______________지 않는 한 사회는 발전할 수 없다.

3) 함께 이야기해 보십시오.

① 자녀들은 부모님을 위해 어떤 효행을 할 수 있습니까?
② 사회의 구성원들이 화합을 하는 게 중요한 이유는 무엇입니까?
③ 정직한 사람에게 어울리는 직업은 무엇입니까? 왜 그렇습니까?
④ 여러분은 불의에 맞서기 위해서 어떤 마음이 필요하다고 생각합니까?

2. 축사와 관련된 표현을 알아보고, 알맞은 것을 골라 쓰십시오.

감회가 새롭다 영광스럽다 자리를 빛내다 공로를 치하하다 발전을 기원하다

안녕하십니까? 경제연합회 회장 이민수입니다. 여러 업무로 바쁘신 중에도 제10회 경제인상을 수여하는 이 1) ______________기 위해 참석해 주셔서 감사합니다. 오늘 이 자리는 지난 한 해 동안 우리 지역의 경제 발전과 활성화를 위해 애써 주신 분들의 2) ______________는 자리입니다. 이 뜻깊은 자리에 함께하게 되어 매우 3) ______________.

올해로 경제인상이 10회를 맞이했습니다. 지난 10년을 되돌아보니 4) ______________. 오늘 상을 수상하시는 모든 분들께 축하 말씀을 전합니다. 더불어 앞으로도 무궁한 5) ______________며 오늘의 축사를 마치겠습니다. 감사합니다.

3. '그러하다'를 나타내는 접미사 '-롭다'와 관련된 어휘를 알아봅시다.

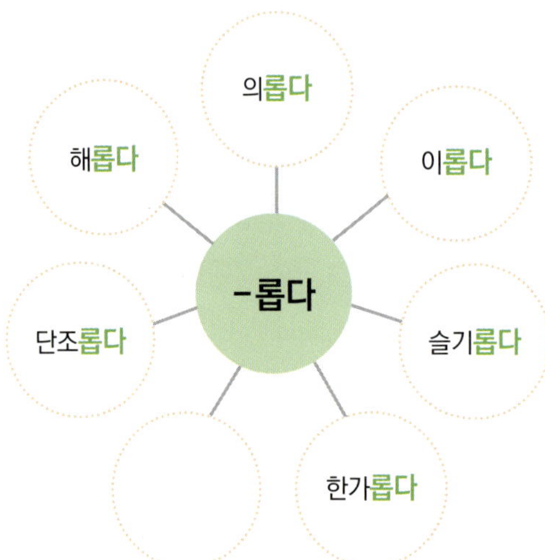

1) 우리 몸에 이로운 것과 해로운 것에는 무엇이 있습니까?
2) 슬기로운 유학 생활을 위해서는 어떻게 행동해야 합니까?
3) 여러분은 한가로운 시간이 생긴다면 무엇을 하고 싶습니까?
4) 일상이 단조롭게 느껴질 때 어떻게 하는 것이 도움이 됩니까?

읽기 2

준비하기

1. 여러분은 뉴스나 신문에서 어떤 소식을 많이 듣고 싶습니까?

2. 신문 기사 제목을 보면서 이야기해 보십시오.

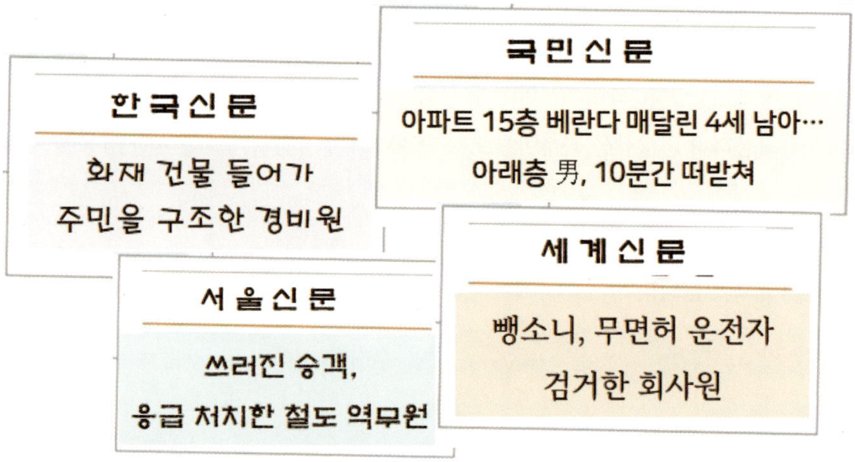

1) 각 신문 기사는 어떤 내용인 것 같습니까?

2) 여러분은 이런 신문 기사를 보면 어떤 기분이 듭니까?

읽기

● 신문 기사를 읽고 질문에 답하십시오.

화재 건물에서 인명 구조한 경비원

서울경찰청은 지난달 다세대 주택에서 발생한 화재 현장에서 다수의 인명을 구조한 경비원 최경민 씨(35)에게 용감한 시민상을 수여했다. 최 씨는 아파트 야간 근무를 마치고 이른 새벽에 집으로 가던 중 주택에서 발생한 화재를 목격한 뒤 건물의 주민들을 구조한 일로 이 상을 받게 되었다.

경찰청 관계자에 따르면 최 씨는 지난달 17일 오전 4시쯤 근무를 마치고 집으로 돌아가는 길에 주택가에서 발생하는 검은 연기를 보고 한 다세대 주택 2층에서 불이 난 것을 발견했다고 한다. 화재를 발견한 최 씨는 당황하지 않고 침착하게 우선 119에 화재 신고를 했다. 그리고 건물 안 주민들이 대피하는 데에도 결정적인 역할을 했다. 최 씨는 건물로 뛰어들어 큰 소리로 불이 난 것을 알리고 집집마다 문을 두드리며 5층 건물 전체를 돌았다. 최 씨의 이 행동으로 잠자고 있던 주민들이 신속하게 대피할 수 있었다. 이후 최 씨의 신고를 받고 도착한 소방관들에 의해 불은 바로 꺼졌다. 이른 새벽에 발생한 화재라서 큰 인명 피해로 이어질 우려가 있었음에도 불구하고 최 씨의 신속한 대응 덕분에 화재는 인명 피해 없이 무사히 정리되었다.

최경민 씨는 "누구라도 그 상황에서 저처럼 했을 텐데 이렇게 상을 받게 되어 오히려 부끄럽고 감사할 뿐이다."라며 소감을 밝혔다. 이에 경찰청에서는 "불이 난 상황에서 다른 사람을 구하기 위해 위험을 무릅쓰고 나선 행동이 많은 사람들에게 감동을 주었을뿐더러 사회의 귀감이 되고 있다."라며 최 씨에게 상을 수여한 의도를 밝혔다. 최경민 씨는 어려운 이웃을 위해 사용하라고 상금을 기부함으로써 마지막까지 사람들에게 훈훈한 감동을 주었다.

1. 무엇에 대해 이야기하고 있습니까?

서울경찰청에서 ____________________ 을 수여한 소식

2. 화재 사건을 육하원칙에 따라 정리해 보십시오.

육하원칙	내용
누가	
언제	
어디서	
무엇을	
왜	
어떻게	

3. 읽은 내용과 같은 것을 모두 고르십시오.

① 최 씨는 이른 새벽 퇴근하는 길에 검은 연기를 봤다. ☐

② 최 씨는 화재를 발견하자마자 바로 건물 안으로 들어갔다. ☐

③ 경찰청에서는 최 씨의 행동이 사회적으로 본받을 행동이라고 여겼다. ☐

④ 최 씨의 용감한 행동에 감동한 사람들이 어려운 이웃을 위해 기부했다. ☐

4. 읽은 내용을 정리해서 말해 보십시오.

듣기 2

준비하기

1. 여러분은 사회적으로 귀감이 되는 행동에는 어떤 것들이 있다고 생각합니까?
   왜 그 행동이 귀감이 된다고 생각합니까?

2. 안내문을 보면서 질문에 답하십시오.

제20회 '자랑스러운 시민상' 후보자를 찾습니다

1. 시민상 후보자 자격
 - 지역 사회 개발, 사회봉사, 선행, 효행 등을 한 우리 지역 시민

2. 추천서 접수
 - 기간: 1. 8.(월) ~ 1. 19.(금)
 - 방법: 우편 및 방문 접수(마감일 18:00 도착분까지 인정)
 - 접수처: 지역 커뮤니티 사무실
 - 제출 서류: 추천서 1부, 추천에 대한 증빙 자료 1부
 ※ 제출된 서류는 반환하지 않음.

3. 문의처: 지역 커뮤니티 사무실(☎ 02-123-4560)

1) 이 안내문의 목적은 무엇입니까?
2) 어떤 일을 한 사람이 이 상의 후보가 될 수 있습니까?
3) 여러분은 이 상을 왜 수여한다고 생각합니까?

듣기 2-1

● 축사를 듣고 질문에 답하십시오. 12-2

1. 이 사람은 무엇을 하고 있습니까?

제20회 '자랑스러운 시민상' 수여식에서 ______________ 인사를 하고 있다.

2. 다음 표를 완성하십시오.

시기	수여 대상
처음 상이 제정됐을 때	______이나 효행으로 다른 사람의 ______이 되는 개인
지금	______이나 봉사, 나눔 활동 등을 통해 우리 지역의 발전과 이웃을 위해 애쓰는 개인이나 ______

3. 들은 내용과 같은 것을 모두 고르십시오.

① 자랑스러운 시민상은 지역에서 가장 권위 있는 상이다. □

② 이 상을 처음으로 수상했던 사람이 축사를 하고 있다. □

③ 이 상은 타인을 위한 행동이 지역에 퍼져 나가게끔 돕는 역할을 한다. □

④ 이 상을 받은 사람들은 지역의 숨은 영웅을 찾아 감사를 전해야 한다. □

4. 다음 표현을 이용하여 들은 내용을 정리해서 말해 보십시오.

시민상의 자격	지역 발전 / 이웃 / 애쓰다
시민상의 역할	도덕적 / 제시하다 / 사회의 빛 / 자부심

듣기 2-2

● 수상 소감을 듣고 질문에 답하십시오. 12-3

1. 이 사람은 '자랑스러운 시민상'을 어떤 의미로 받아들이고 있습니까?

앞으로도 힘을 내라는 ________이자 더 ________하라는 의미

2. 묻고 대답하십시오.

1) 이 사람의 부모님은 어떤 분들이셨습니까?

2) 이 사람은 어떻게 해야 나눔이나 봉사의 의미가 더 깊어진다고 합니까?

3) 이 사람이 인용한 아프리카 속담은 무엇입니까?

4) 이 사람이 영웅이라고 생각하는 사람은 누구입니까?

5) 이 사람이 앞으로도 나눔과 봉사 활동을 열심히 하고자 하는 이유는 무엇입니까?

3. 함께 이야기해 보십시오.

1) 여러분 나라에서도 이와 같은 상이 있습니까? 어떤 사람에게 수여합니까?

2) 여러분은 어떤 행동을 하는 사람이 영웅이라고 생각합니까? 왜 그렇게 생각합니까?

전달력 향상하기

● 발음에 주의하면서 읽어 보십시오.

1) 앞으로도 힘내라는 격려이자 더 열심히 노력하라는 의미로 감사히 받아들이겠습니다.

2) 부모님께서는 넉넉하지 않은 형편에서도 어려운 이웃에게 베풀려고 노력하셨습니다.

3) 우리 지역의 발전을 위해 묵묵히 활동하고 계시는 자랑스러운 시민을 찾습니다.

문법

문법 3 -(으)라고

1. 다음 문법의 의미를 생각해 봅시다.

- 최 씨는 어려운 이웃을 위해 **사용하라고** 상금을 기부함으로써 사람들에게 감동을 주었다.
- 손주들이 배부르게 **먹으라고** 할머니는 접시에 음식을 가득 담아 주셨다.
- 겨울에 춥게 입고 **다니지 말라고** 언니가 동생에게 외투를 선물했다.

2. 다음과 같이 대화를 완성해 봅시다.

1) 가: 여행을 갈 때는 현금이랑 카드 둘 다 가져가는 게 좋겠지?
   나: 응. 안 그래도 부모님이 급할 때 __쓰라고__ 현금을 챙겨 주셨어.
2) 가: 장설 씨가 다리를 다쳐서 한 달 동안 입원을 해야 한대요.
   나: 그래요? 심심할 때 ________________ 만화책이라도 좀 갖다 줘야겠네요.
3) 가: 내일이 대학원 면접이지? 입고 갈 옷은 있어?
   나: 응. 중요한 날 ________________ 예전에 형이 사 준 양복이 한 벌 있어.
4) 가: 음료수를 왜 이렇게 많이 샀어요?
   나: 제 것을 사면서 친구들도 ________________ 넉넉하게 샀어요.
5) 가: 오늘 저녁에 국가대표 축구팀이 호주하고 결승 경기를 한대.
   나: 그래? 우리 대표팀이 ________________ 열정적으로 응원해야겠네.
6) 가: 아까 왜 그렇게 큰 소리로 말한 거야? 앞에서 듣는데 귀가 아플 정도였어.
   나: 뒤에 앉아 있는 친구들도 잘 ________________ 일부러 크게 말한 거야.
7) 가: 오늘은 웬일로 라면을 안 먹어?
   나: 건강을 생각해서 오늘은 라면을 ________________ 엄마가 도시락을 싸 주셨어.
8) 가: 핸드폰이 없네. 집에 놓고 온 거야?
   나: 아니. 게임을 계속했더니 더 이상 ________________ 엄마가 핸드폰을 뺏어 버렸어.

3. 함께 이야기해 봅시다.

1) 여러분이 아팠을 때 빨리 나으라고 부모님께서 해 주신 것은 무엇입니까?
2) 여러분 나라에서는 수험생에게 시험을 잘 보라고 선물하는 것이 있습니까?
3) 여러분은 부모님 생신에 어떤 선물을 드리고 싶습니까? 그 이유는 무엇입니까?
4) 자주 지각하고 결석하는 친구에게 여러분은 무엇을 해 주겠습니까?

문법 4 만으로도

1. 다음 문법의 의미를 생각해 봅시다.

- 이분들과 같은 지역에 산다는 **생각만으로도** 지역에 대한 자부심이 높아지는 걸 느낍니다.
- 우리는 **눈빛만으로도** 서로의 마음을 알 만큼 친밀하다.
- 아침마다 **가볍게 뛰는 것만으로도** 병을 예방할 수 있습니다.

2. 알맞은 것을 골라 써 봅시다.

보기	✔설명	향	눈빛	관심	재산

1) 약사의 짧은 설명만으로도 나는 약의 효과를 충분히 이해할 수 있었다.
2) 시민들의 작은 ______________________ 많은 사회 문제를 해결할 수 있다.
3) 그 사람은 커피를 너무 좋아해서 ______________________ 모든 커피 종류를 알아차릴 수 있다.
4) 민수는 부모님께 물려받은 ______________________ 넉넉하게 살아갈 수 있을 만큼 부자이다.
5) 그 친구와는 유치원 때부터 알고 지내서 ______________________ 서로의 생각을 알 수 있다.

3. 알맞은 것을 연결한 뒤에 말해 봅시다.

1) 숙면을 취하는 것만으로도 면역력을 높이는 데 도움이 됩니다.

1) 숙면을 취하다 •	• 기분을 전환하다
2) 좋아하는 문장을 따라 쓰다 •	• 면역력을 높이다
3) 국산품을 사용하다 •	• 경제를 활성화하다
4) 아이와 눈을 맞추고 대화하다 •	• 사회성을 발달시키다
5) 우울할 때는 잠깐 나가서 걷다 •	• 글쓰기 실력을 키우다

4. 함께 이야기해 봅시다.

1) 여러분이 기분을 전환하고 싶을 때 하는 일은 무엇입니까?
2) 일상에서 생활비를 줄일 수 있는 방법에는 무엇이 있습니까?
3) 다른 사람의 기분을 좋게 만드는 행동에는 어떤 것이 있습니까?
4) 반복적인 일상에서 즐거움을 누릴 수 있는 방법에는 어떤 것이 있습니까?

활동 수상 소감 발표하기

준비하기

1. 여러분은 학창 시절에 어떤 상을 받아 봤습니까? 언제, 무슨 상을 받았습니까?

   그때 기분이 어땠습니까?

2. 수료식 날에 어떤 상을 수여합니까? 그 상을 받기 위한 조건은 무엇입니까?

우 수 상
Academic Achievement Award

성 명 이리나
학 번
생년월일

위 학생은 학교생활에 적극적이고 학업성적이 우수하여 다른 이의 모범이 되므로 이에 상장을 수여함.

We hereby present this award to the aforementioned student for the outstanding performance and diligence, which demonstrate complete fulfillment of the objectives of the Korean Language Program of the Institute of International Education of Kookmin University.

November 24, 2020

국민대학교 국제교육원장
Dean of Institute of International Education

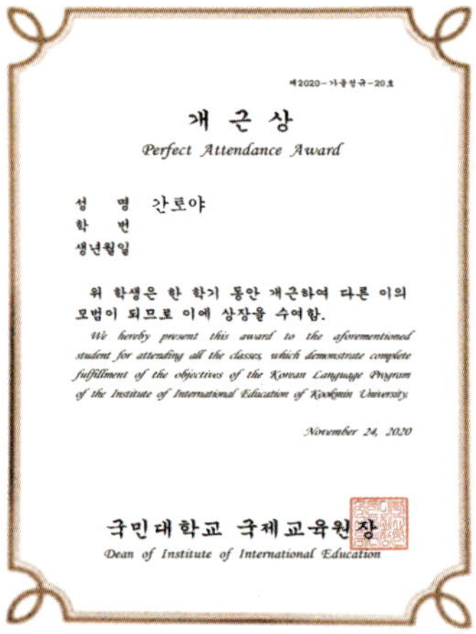

개 근 상
Perfect Attendance Award

성 명 간로야
학 번
생년월일

위 학생은 한 학기 동안 개근하여 다른 이의 모범이 되므로 이에 상장을 수여함.

We hereby present this award to the aforementioned student for attending all the classes, which demonstrate complete fulfillment of the objectives of the Korean Language Program of the Institute of International Education of Kookmin University.

November 24, 2020

국민대학교 국제교육원장
Dean of Institute of International Education

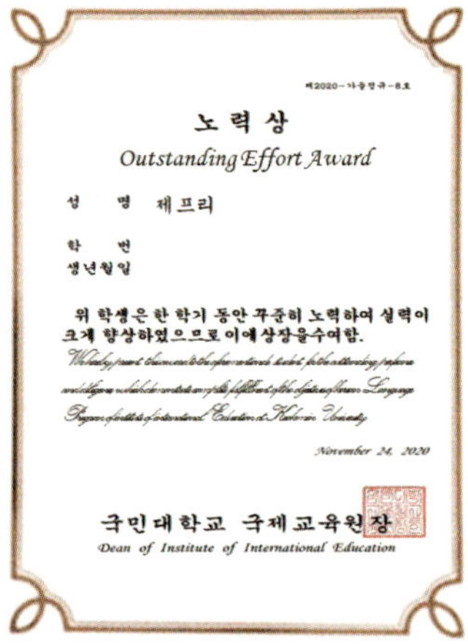

노 력 상
Outstanding Effort Award

성 명 제프리
학 번
생년월일

위 학생은 한 학기 동안 꾸준히 노력하여 실력이 크게 향상하였으므로 이에 상장을 수여함.

November 24, 2020

국민대학교 국제교육원장
Dean of Institute of International Education

3. 상장을 수여하면 다른 학생들에게 어떤 영향을 줄 것 같습니까? 왜 그렇게 생각합니까?

4. 상장의 유형과 관련된 표현을 알아봅시다.

   1) 알맞은 단어를 골라 쓰십시오.

모범상	공로상	✔ 선행상	감사장	장려상

① 친구를 돕는 등 착한 일을 한 사람에게 선행상을 수여한다.
② 어떤 분야에서 오랫동안 노력과 수고를 한 사람에게 ________을 수여한다.
③ 다른 사람이 보고 배울 만한 행동을 한 사람에게 ________을 수여한다.
④ 고마운 일을 한 사람에게 ________을 수여한다.
⑤ 참가자들 중에 가능성이 보이는 사람을 격려하고자 할 때 ________을 수여한다.

   2) 다음 상들은 어떤 의미를 담은 상일지 이야기해 보십시오.

내 마음속 대상	밝은 미소상	기대 그 이상	볼수록 매력상

활동하기 1

※ 매력 있는 상장의 조건

1) 상을 받는 수상자의 특성을 반영해야 함.
2) 격려와 칭찬의 의미를 담은 긍정적인 내용이어야 함.
3) 유머 감각과 창의성, 재미있는 요소를 추가하면 좋음.
4) 상장의 이름은 짧지만 기억에 남는 표현으로 작성해야 함.

1. 자신이 제작할 상장의 정보를 작성해 봅시다.

상장 이름	
수상자 정보	
상장 문구	
시상일	년 월 일
시상자 정보	

2. 실제 상장을 제작해 봅시다.

활동하기 2

1. 제작한 상장을 서로 수여해 봅시다.

2. 다음 표현을 사용해 상을 수상한 소감을 이야기해 봅시다.

~ 상을 받게 되어 -(으)ㄹ 따름입니다
이 상을 -(으)라는 ~이자 -(으)라는 의미로 감사히 받아들이겠습니다
앞으로도 -(으)ㄹ 수 있도록 ~에 더욱 열심히 임하겠습니다
~ 상을 주셔서 다시 한번 진심으로 감사드립니다

13

경제생활

13-1 / 기업의 판매 전략

어휘·표현 1	경제 관련 표현
듣기 1	경제에 관한 라디오 뉴스
읽기 1	행동경제학에 관한 글
문법	-는 셈이다, -지 않을까 하다

13-2 / 합리적인 소비 생활

어휘·표현 2	소비 및 돈 관련 표현
읽기 2	소비 유형에 관한 개론서
듣기 2	합리적인 소비 방법에 관한 담화
문법	-는/(으)ㄴ 가운데, -기가 무섭게

활동 기획안 발표하기

1. 여러분은 물건을 구매할 때 어떤 점을 가장 중요하게 생각합니까?

가격 | 색깔 | 디자인 | 기능 | 그 외

2. 여러분은 주로 어떻게 소비합니까?

계획적으로 소비한다. □
충동적으로 소비한다. □
상황에 따라 다르다. □

직접 물건을 보고 구매한다. □
온라인으로 물건을 구매한다. □
그 외:________________ □

소득에 맞춰 적절하게 소비한다. □
소득에 비해 많이 소비한다. □
보통이다. □

13-1 기업의 판매 전략

어휘와 표현 1

1. 경제와 관련된 표현을 알아봅시다.

1) 알맞은 단어를 골라 쓰십시오.

경기 침체	경제 활동	경제 위기	경제 성장률

① 현재 우리 나라의 ________________은 매년 5%씩 증가하고 있다.

② 보통 65세에 은퇴를 하면서 ________________을 그만두는 사람들이 많다.

③ 우리나라는 현재 물가가 상승하고 실업도 증가하는 등 최악의 ____________________에 처해 있다.

④ 오랜 기간 ________________가 지속되면서 개인은 소비를 줄이고 기업의 매출 또한 급감하고 있다.

2) 알맞은 것을 연결하여 문장을 완성하십시오.

① 지역 경제를 _______________기 위해서는 지역에서 생산하는 농산물을 소비하고 지역 내 가게를 이용하는 것이 필요하다. • • 살리다

② 우리 집에서는 어머니가 경제권을 _______________고 계셔서 월급과 생활비를 관리하신다. • • 회복되다

③ 그 사람은 사업에 실패하면서 수년간 경제난에 ____________________. • • 있다

④ 오랫동안 국가 경제가 어려웠는데 작년부터 수출이 늘고 일자리도 증가하는 등 경제가 _____________고 있다. • • 가지다

⑤ 경제력이 ________________으면 다양한 경험을 할 수 있는 기회가 많아진다. • • 시달리다

3) 함께 이야기해 보십시오.

① 여러분은 경제 활동을 해 본 적이 있습니까? 어떤 일이었습니까?
② 여러분 나라에서는 가정 내에서 보통 누가 경제권을 갖습니까?
③ 경기 침체가 지속되면 어떤 현상이 나타납니까?
④ 여러분 나라의 지도자 중에서 경제를 살리기 위해 노력한 사람이 있습니까? 어떤 노력을 했습니까?

2. 물가와 관련된 표현을 알아봅시다.

소비를 줄이다 ↔ 소비를 늘리다	물가가 상승하다
주머니 사정이 안 좋다	소비 심리가 위축되다

1) 〈보기〉에서 알맞은 단어를 골라 일기를 완성하십시오.

보기	좋아지다	상승하다	줄이다	위축되다

10월 6일 월요일

요즘 월세, 식비, 교통비 등이 모두 올랐다. 하루가 다르게 물가가 ㄱ._________고 있다. 사람들의 주머니 사정이 안 ㄴ.____________면서 소비 심리 또한 급격히 ㄷ. _________고 있다는 뉴스도 계속 나오고 있다. 나 또한 소비를 ㄹ. _________기 위해서 지난주부터 쇼핑하지 않고 음식도 직접 해 먹기로 했다. 재료를 구입할 때도 주로 가격이 저렴한 것을 사고, 학교까지 걸어 다니고 있다. 이렇게 하니 돈도 절약할 수 있고 운동도 돼서 일석이조다.

2) 함께 이야기해 보십시오.

① 여러분은 요즘 소비를 줄이고 있습니까? 늘리고 있습니까?
② 여러분은 생활 속에서 한국의 물가를 체감한 적이 있습니까? 가장 부담스럽다고 느끼는 것은 무엇입니까?
③ 주머니 사정이 안 좋아지면 사람들은 보통 어떤 지출을 가장 먼저 줄입니까?

3. 상품 소비와 관련된 표현을 알아봅시다.

1) 알맞은 단어를 골라 쓰십시오.

무료 사은품	할인 상품	(초)저가 상품	(초)고가 상품	가성비가 좋은 상품

① 오늘에 한해 화장품을 사시면 휴지를 ____________________으로 드립니다.

② 이 가방은 가격이 적당하고, 가격 대비 성능 또한 훌륭하다. ____________________이다.

③ 이번 달 우리 마트의 ________________은 노트북입니다. 기존 가격에서 15% 싸게 드립니다.

④ 나는 침대처럼 오래 사용하는 물건을 살 때 저가 상품보다 ____________________을 선호한다. 가격은 비싸지만 그만큼 더 오래 사용할 수 있기 때문이다.

2) 함께 이야기해 보십시오.

① 여러분이 받은 무료 사은품 중에 어떤 것이 가장 마음에 들었습니까?

② 여러분이 가지고 있는 물건 중에 가장 고가 상품은 무엇입니까?

③ 여러분은 물건을 살 때 가성비가 좋은지 안 좋은지 고민하는 편입니까? 그렇게 고민하면서 산 물건이 있습니까?

듣기 1

준비하기

1. 여러분은 '짠테크'라는 말을 들어 본 적이 있습니까?

2. 매장에서 '초저가 상품'을 기획해서 파는 이유는 무엇이라고 생각합니까?

듣기

● 경제에 관한 라디오 뉴스를 듣고 질문에 답하십시오. 13-1

1. 무엇에 대해 이야기하고 있습니까?

사람들에게 인기를 끌고 있는 ________ 상품

2. 다음 표를 완성하십시오.

경제 상황	판매 전략	결과
지속적인 경기 ________	________ 제품 판매	→ 지난해보다 매출이 ________배 가까이 증가함.
소비 심리의 ________	기존 제품에서 30%~ ________%까지 저렴함.	

3. 들은 내용과 같은 것을 모두 고르십시오.

① 요즘 소비를 최대한 줄이는 '짠테크'가 다시 유행하고 있다. ☐

② 대형 마트에서는 기존보다 절반 이상 싼 치킨을 팔고 있다. ☐

③ 사람들은 초저가 상품을 '싼 게 비지떡'이라고 생각해서 별로 사지 않는다. ☐

④ 대형 마트에서는 이후에도 저렴한 상품을 더 개발해서 판매할 계획이다. ☐

4. 들은 내용을 정리해서 말해 보십시오.

읽기 1

준비하기

1. 다음 그림은 어떤 소비 성향을 나타내고 있는 것 같습니까?

1)

2)

3)

- 할인 상품이나 묶음 상품을 자주 산다.
- 물건을 구매하기 전에 무료 체험을 한다.
- 핸드폰 요금제를 정하면 거의 변경하지 않는다.

2. 사람들이 왜 이렇게 행동하는 것 같습니까?

3. 여러분은 위와 같은 행동을 많이 합니까?

읽기

● 행동경제학에 관한 글을 읽고 질문에 답하십시오.

인간의 심리를 이용한 기업의 판매 전략

가

사람들은 자신이 소유하고 있는 물건의 가치를 높게 평가하려는 경향이 있다. 직접 만든 물건이나 애착이 가는 물건의 경우, 그 경향은 더욱 두드러진다. 이러한 사람들의 심리를 판매 전략에 적극 활용한 가구 회사가 있다. 이 회사에서는 대부분의 가구를 조립해야 하는 부품 형태로 판매한다. 소비자는 스스로 가구를 완성하면서 성취감을 느끼게 되고, 완제품이 아니기 때문에 가구의 가격은 훨씬 저렴해진다. 가격 경쟁력과 성취감이라는 두 가지 요소가 결합된 이 판매 전략은 매출 증가에 큰 영향을 미쳤고, 그 결과 이 회사는 세계적인 기업으로 성장할 수 있었다.

물건을 일정 기간 체험한 뒤 구입하도록 하는 전략도 유사한 심리를 이용한 것이다. 제품을 받아서 며칠 사용하다 보면 자기 물건처럼 애착이 생겨 환불하는 일이 적어진다. 이와 같이 경험하고 소유한 것을 높이 평가하는 심리, 자신이 소유하던 물건이 없어지는 것을 싫어하는 인간의 심리를 기업은 판매 전략으로 이용하고 있다.

나

사람들은 어떤 것이 더 이익이라고 느낄까?

앵커링 효과

누구나 할인 상품에는 시선이 가기 마련이다. 기존 가격을 아는 상태에서 할인된 가격으로 물건을 구입하면 소비자는 합리적인 소비를 했다고 생각하기 쉽다. 이를 앵커링(anchoring: 닻 내림) 효과라고 하는데, 배가 닻을 내리면 움직이는 범위가 한정되는 것처럼 원래 가격이 기준점이 되어 할인된 가격을 훨씬 더 저렴하게 인식하도록 만든다. 기업은 이러한 사람들의 심리를 이용해 소비를 자극한다.

묶음 상품을 사는 심리도 이와 유사하다. 소비자는 굳이 필요가 없는데도 '묶음으로 구매하면 더 이익'이라는 생각에 여러 개를 구입하게 된다. 한 개를 사는 것보다 묶음 상품이 더 경제적이라고 인식하면서 필요 이상의 물건을 구입하게 되는 것이다. 기업은 이러한 소비자의 심리를 파악하여 할인 상품과 묶음 상품을 지속적으로 선보이며 소비를 유도하고 있다.

다

사람은 원하는 만큼의 이익이 생기지 않는 한 현재 상태를 바꾸지 않고 그대로 유지하려는 심리를 가지고 있다. 무엇인가를 변경하고 바꾸는 과정에서 혹시라도 손해를 보지 않을까 하는 걱정이 들기 때문이다. 이를 '현상 유지 성향'이라고 하는데, 기업은 이러한 인간의 속성을 이용해 기존 고객을 붙잡는 전략을 자주 사용한다. '두 달만 있으면 다양한 혜택을 받는 최우수 고객이 될 수 있다.'와 같은 제안을 하면서 고객의 이동을 막는 것이다. 가족 할인이나 TV 인터넷 결합 할인 등으로 핸드폰 요금제를 계속 복잡하게 만드는 것 또한 이러한 전략을 사용한 예이다. '요금제를 비교하고 고민하는 시간이 아깝다.'라고 생각하는 고객은 기존 요금제를 바꾸지 않고 계속 이용하게 된다. 특별한 이유가 없으면 바꾸려고 하지 않는 소비자의 현상 유지 성향을 통신 회사는 전략적으로 활용하고 있는 것이다.

1. 가 ~ 다 에 알맞은 소제목의 번호를 쓰십시오.

① 왜 사람들은 핸드폰 요금제를 결정하면 변경하지 않을까?
② 왜 무료 체험을 한 뒤에는 물건을 구입하는 비율이 높아지는 걸까?
③ 왜 사람들은 마트에 가면 할인된 상품이나 묶음 상품을 자주 사는 걸까?

2. 알맞은 것을 연결하십시오.

	소비 성향			사람들의 심리
①	체험 뒤 물건을 구입하는 비율이 높아진다.	•	•	처음 제시된 원래 가격에 영향을 받는 심리
②	마트에서 할인된 상품이나 묶음 상품을 자주 산다.	•	•	소유하고 경험한 물건을 높이 평가하려는 심리
③	핸드폰 요금제를 결정하면 변경하지 않고 계속 유지한다.	•	•	원하는 만큼의 이익이 없으면 현재 상태에 머무르려는 심리

3. 묻고 대답하십시오.

1) 가구 회사는 어떤 판매 전략을 쓰고 있습니까?
2) 앵커링 효과란 무엇입니까?
3) 소비자가 묶음 상품을 사는 이유는 무엇입니까?
4) 통신 회사는 기존 고객을 붙잡기 위해 어떤 제안을 합니까?

4. 다음 표현을 이용하여 읽은 내용을 정리해서 말해 보십시오.

소유와 경험	체험하다	애착이 생기다	환불하다
할인·묶음 상품	합리적	경제적	소비를 유도하다
요금제	충분한 이익	손해를 보다	현상 유지 성향

5. 함께 이야기해 보십시오.

1) 여러분은 어떤 소비 심리에 가장 공감합니까?
2) 한국에 유학 온 다음에 물건을 구입하거나 소비하는 방식에 달라진 점이 있습니까?

문법

문법 1 -는 셈이다

1. 다음 문법의 의미를 생각해 봅시다.

- 이 치킨은 출시 한 달 만에 30만 마리가 팔렸으니 1분에 일곱 마리씩 **팔린 셈입니다.**
- 아침 일찍 출근해서 밤늦게 돌아오니 하루 종일 **일하는 셈이에요.**
- 요즘 많은 사람들이 반려동물과 함께 생활하는데, 이들에게는 반려동물이 **가족인 셈이다.**

2. 알맞은 것을 골라 말해 봅시다.

보기	✔ 가다	벌다	읽었다	안 하다	고향이다

1) 우리 반 학생 30명 중 28명이 신청했으니까 거의 모두 여행을 가는 셈입니다.
2) 운동을 한 달에 두 번 정도만 하니까 거의 ______________________.
3) 연봉으로 1억을 받는다면 그 사람은 거의 매달 천만 원 정도를 ______________________.
4) 올해 300권 정도 책을 읽었으니까 거의 매일 책 한 권씩 ______________________.
5) 서울에 산 지 20년이 넘었습니다. 삶의 대부분을 서울에서 살았으니 서울이 제 ______________________.

3. 다음과 같이 대화를 완성해 봅시다.

1) 가: 요리를 자주 하세요?
   나: 네. 별일 없으면 저녁을 집에서 먹으니까 거의 매일 요리하는 셈이에요.
2) 가: 이 옷을 28,000원 주고 샀다고? 난 10,000원 주고 샀는데.
   나: 그래? 내가 너보다 세 배나 비싸게 주고 ______________________.
3) 가: 세월이 참 빠르다.
   나: 맞아. 벌써 6월이니까 1년의 반이 ______________________.
4) 가: 우리 팀이 축구 경기에서 져서 너무 아쉬워.
   나: 그래도 우승 후보를 상대로 2:1로 졌으니 이 정도면 ______________________.

4. 함께 이야기해 봅시다.

1) 한 달 생활비
2) 운동 횟수
3) 여행 빈도
4) 부모님과 연락하는 횟수

한 달에 생활비를 얼마 정도 써요?

매일 15,000원 정도 써요. 계산해 보니까 한 달에 ______________.

문법 2 -지 않을까 하다

1. 다음 문법의 의미를 생각해 봅시다.

- 사람들은 손해를 **보지 않을까 하는** 걱정 때문에 결정을 바꾸지 않는 경우가 많다.
- 대학원 공부는 너무 **어렵지 않을까 하는** 걱정이 들었다.
- 이렇게 혁신적인 아이디어를 제품에 적용한 건 우리 회사가 **최초이지 않을까 해요.**

2. 알맞은 것을 연결한 뒤에 말해 봅시다.

1) 퇴근 시간이라 길이 막히지 않을까 해서 택시를 타려다가 지하철을 탔어요.

1) 퇴근 시간이라 길이 막힐 것이다 •	• 그래서 매일 운동을 하고 있다
2) 사람들이 배고플 것이다 •	• 그래서 자주 샐러드를 만들어 먹고 있다
3) 연말이 되면 가격이 더 내릴 것이다 •	• 그래서 택시를 타려다가 지하철을 탔다
4) 채소를 많이 먹으면 살이 빠질 것이다 •	• 그래서 차를 사지 않고 기다리고 있다
5) 매일 조금씩이라도 움직이면 몸이 좋아질 것이다 •	• 그래서 음식을 넉넉하게 준비했다

3. 다음과 같은 감정을 느꼈던 경험에 대해 이야기해 봅시다.

1) "너무 긴장해서 실수하지 않을까 하고 걱정했던 때가 있었어요."

2) "너무 떨려서 아무 말도 못 하지 않을까 하는 생각이 들었어요."

3) "옆 사람이 기분 나쁘지 않을까 하고 걱정한 적이 있어요."

4) "너무 행복해서 꿈이지 않을까 하고 생각한 적이 있어요."

5) "____."

13-2 합리적인 소비 생활

어휘와 표현 2

1. 소비와 관련된 표현을 알아봅시다.

1) 알맞은 표현을 골라 쓰십시오.

합리적 소비 비합리적 소비 윤리적 소비 필수 소비

①	②	③	④
식비, 월세, 공과금 등	계획적 소비, 상품 비교, 우선순위 정하기 등	낭비, 과소비, 충동구매 등	환경, 사회, 인권 등을 고려한 착한 소비, 녹색 소비

2) 함께 이야기해 보십시오.

① 여러분의 지출 중 필수 소비에 포함되는 것은 무엇입니까?

② 비합리적 소비를 지속하면 어떤 문제가 생길 것 같습니까?

③ 윤리적 소비를 하면 사회에 어떤 영향을 끼칠 수 있다고 생각합니까?

2. 소비 심리와 관련된 표현을 알아봅시다.

1) 알맞은 표현을 골라 쓰십시오.

개성을 표현하다 유행에 동참하다 부를 자랑하다
타인에게 인정받다 보상을 받다 집단에 소속되다

① 요즘 짧은 치마를 입은 사람이 많길래 나도 ____________고 싶어서 하나 샀다.

② 자신만의 ____________고 싶어서 독특한 디자인의 옷만 사는 사람들이 있다.

③ 일부 연예인들은 대중에게 자신이 가진 ____________고자 명품 사진을 SNS에 올린다.

④ 청소년들은 또래 ____________고 싶은 마음에 친구를 따라 소비하는 경향이 있다.

⑤ 자신을 위해 의미 있는 소비를 하게 되면 정신적으로 ____________을 수 있다.

⑥ ____________기 위해 소비하는 사람들은 자존감이 낮고 남의 평가를 중요시한다.

2) 함께 이야기해 보십시오.

① 개성을 표현하는 방법에는 어떤 것들이 있습니까?

② 타인에게 인정받기 위해서는 어떻게 행동해야 합니까?

③ 여러분은 유행에 동참하는 편입니까? 아니면 유행에 무관심한 편입니까?

④ 왜 유명 연예인들이 SNS 등을 통해 자신의 부를 자랑한다고 생각합니까?

3. 돈과 관련된 표현을 알아봅시다.

1) 알맞은 것을 연결하십시오.

①	돈이 돌다	많은 돈을 벌어 편안해지다
②	돈을 굴리다	돈을 아끼지 않고 낭비하다
③	돈을 뿌리다	돈을 투자해서 이익을 늘리다
④	돈을 까먹다	다른 사람 모르게 돈을 건네다
⑤	돈방석에 앉다	이익을 얻으려다가 오히려 손해를 보다
⑥	돈을 찔러 주다	소비와 생산이 잘 이루어져 돈의 흐름이 활발하다

2) 함께 이야기해 보십시오.

① 요즘 사람들은 돈을 굴리기 위해 어디에 투자합니까?

② 돈이 돌지 않으면 경제에 어떤 영향을 미칠 것 같습니까?

③ 여러분이 만약 돈방석에 앉게 된다면 무엇을 가장 하고 싶습니까?

④ 여러분 나라에도 '돈'과 관련된 속담이나 표현이 있습니까?

읽기 2

준비하기

1. 여러분은 물건을 구매하고 후회한 적이 있습니까? 후회한 이유는 무엇입니까?

2. 그림을 보면서 이야기해 보십시오.

1) 알맞은 단어를 골라 쓰십시오.

과소비	과시 소비	충동 소비	모방 소비

① ______ ② ______ ③ ______ ④ ______

2) 각 소비의 특징을 설명해 보십시오.

3) 사람들이 왜 과시 소비나 모방 소비를 한다고 생각합니까?

읽기

● **소비 유형에 관한 개론서를 읽고 질문에 답하십시오.**

비합리적 소비의 ______________과 특징

비합리적 소비란 자신의 소득이나 제품의 가격, 필요성 등을 고려하지 않은 무분별한 소비를 말한다. 사람들이 흔히 하는 비합리적 소비에는 크게 네 가지 유형이 있다.

첫 번째는 '과소비'인데, 이는 소득 대비 지나치게 많은 돈을 지출하는 것을 말한다. 소비가 자신의 소득을 넘는 경우뿐만 아니라 소득을 넘지 않더라도 소비의 비중이 큰 경우도 이에 해당된다.

두 번째는 '모방 소비'로, 유행에 적극적으로 동참하려는 심리에서 비롯되는 소비다. 필요에 의해서 또는 자신만의 개성을 표현하기 위해서 물건을 사는 것이 아니라 '친구 따라 강남 간다'는 속담처럼 친구나 주변 사람이 하니까 똑같이 따라서 구매하는 경우라고 할 수 있다. SNS의 영향이 커지는 가운데 유행에 민감한 젊은 층에서 주로 나타난다.

세 번째는 '과시 소비'인데, 이는 다른 사람에게 자신이 가진 지위나 부를 자랑하려는 목적으로 명품과 같은 고가의 물건에 돈을 쓰는 것을 말한다. 일종의 보여 주기식 소비라고 할 수 있다.

마지막 유형은 '충동 소비'인데, 말 그대로 계획 없이 충동적으로 돈을 지출하는 것을 의미한다. 물건을 살 필요나 의사가 없었는데 물건을 구경하거나 광고를 보다가 갑자기 구매 의욕을 느껴 즉흥적으로 구매하는 경우가 이에 해당한다.

비합리적 소비의 공통적인 특징은 감정적이고 충동적이라는 것이다. 충동 소비는 말할 것도 없고 모방 소비나 과시 소비 또한 그렇다. 모방 소비는 다수가 하는 것을 그대로 좇아감으로써 또래 집단에서 소외감을 느끼지 않으려고 하는 심리에서 나온 행동이다. 그리고 과시 소비는 타인에게 인정받고 싶다는 심리 표현의 하나이다. 특히 자존감이 낮은 사람일수록 과시 소비를 하는 경향이 강하다. 고가의 물건으로 낮은 자존감을 보상받으려고 하기 때문이다.

1. 글의 제목을 완성하십시오.

2. 알맞은 내용을 연결하십시오.

1) 과소비 •	• 지출이 소득을 넘어서는 소비를 말한다.
2) 모방 소비 •	• 순간적인 구매 욕구로 인해 생기는 소비를 말한다.
3) 과시 소비 •	• 또래 집단의 유행을 그대로 따라 하는 소비를 말한다.
4) 충동 소비 •	• 자신이 가진 것들을 자랑하고자 하는 소비를 말한다.

3. 읽은 내용과 같은 것을 모두 고르십시오.

① 비합리적 소비는 소득이나 가격 등을 고려하지 않는 소비다. □

② 사람들은 자신만의 개성을 표현하기 위해서 모방 소비를 한다. □

③ 다른 사람에게 인정받고자 하는 심리에서 충동구매를 하게 된다. □

④ 자존감이 낮은 사람일수록 과시 소비를 많이 하는 경향이 있다. □

4. 읽은 내용을 정리해서 말해 보십시오.

듣기 2

준비하기

1. 여러분이 알고 있는 합리적인 소비 방법에는 무엇이 있습니까?

2. 그림을 보면서 이야기해 보십시오.

1) 알맞은 단어를 골라 쓰십시오.

구독	중고 거래	공동 구매	공유

①

②

③

④

2) 그림을 보면서 물건을 구매하는 방식을 설명해 보십시오.

3) 위 방법 중 여러분이 즐겨 사용하는 방법은 무엇입니까? 왜 그 방법을 즐겨 사용합니까?

듣기

● **소비 방법에 관한 담화를 듣고 질문에 답하십시오.** 13-2

1. 무엇에 대해 이야기하고 있습니까?

(　　　　　　　　)인 소비 방법

2. 각자의 소비 방법을 알맞게 연결하십시오.

1) 첫 번째 사람 •	• 공동 구매
2) 두 번째 사람 •	• 공유 경제
3) 세 번째 사람 •	• 중고 거래
4) 네 번째 사람 •	• 구독 서비스

3. 묻고 대답하십시오.

첫 번째 사람	1) 이 방법에 거부감이 들 수 있는 이유는 무엇입니까? 2) 이 방법으로 '두 마리 토끼를 잡는다.'라는 것은 무슨 의미입니까?
두 번째 사람	1) 이 방법으로 더 저렴하게 물건을 구입하려면 어떻게 해야 합니까? 2) 이 방법으로 물건을 구매할 때 무엇을 조심해야 합니까?
세 번째 사람	1) 이 방법이 중고 거래나 공동 구매와 다른 점은 무엇입니까? 2) 특히 어떤 물건이 필요할 때 이 방법을 사용하면 효과적입니까?
네 번째 사람	1) 정기 구독을 하면 무엇이 좋습니까? 2) 인터넷이 발달하면서 어떤 방법으로 맞춤형 서비스를 해 줍니까?

4. 다음 표현을 이용하여 들은 내용을 정리해서 말해 보십시오.

중고 거래	상태 필요 재활용하다
공동 구매	대량 절약하다 가격
공유 경제	빌리다 개인 상품의 범위
구독 서비스	기간 정기적 선호하다

5. 함께 이야기해 보십시오.

1) 여러분은 '중고 거래, 공동 구매, 공유, 구독' 중에서 어떤 방법이 가장 효과적이라고 생각합니까?
2) 여러분 나라에서 가장 활발하게 사용하는 방법은 무엇입니까? 그 이유는 무엇입니까?

전달력 향상하기

발음에 주의하면서 읽어 보십시오.

1) 요즘에는 새 제품 못지않게 관리가 잘된 물건들도 많습니다.
2) 가끔은 가격이 싸다 보니까 물건을 더 사게 되는 경향이 있더라고요.
3) 저는 반복적으로 구매하는 식료품이나 꽃 등을 구독하고 있는데 참 편하더라고요.

문법

문법 3 -는/(으)ㄴ 가운데

1. 다음 문법의 의미를 생각해 봅시다.

- 모방 소비는 SNS의 영향이 **커지는 가운데** 유행에 민감한 젊은 층에서 주로 나타난다.
- 팬들의 응원 열기가 **뜨거운 가운데** 양 팀 선수들이 경기장으로 들어섰다.
- 소방관들은 불이 **번지고 있는 가운데서도** 침착하게 사람들을 구조하고 있었다.

2. 알맞은 것을 골라 써 봅시다.

보기	✔ 준비하다	듣고 있다	지속되다	참여했다	회복되고 있다

1) 다들 공연을 준비하는 가운데 기타 연주자만 혼자 다른 일을 하고 있었다.

2) 모든 학생이 조용히 수업을 ______________ 갑자기 전화벨이 울렸다.

3) 다수의 시민들이 행사에 ______________ 시장이 인사말을 시작했다.

4) 시장에 돈이 돌며 경기가 ______________ 물가도 안정세를 보이는 중이다.

5) 온화한 날씨가 ______________ 야외로 나들이를 가는 사람들도 늘고 있다.

3. 다음과 같이 문장을 완성해 봅시다.

1) 민수는 모두가 반대하는 가운데서도 기죽지 않고 자신의 의견을 밝혔다.

2) ______________ 장핑은 운동장에서 축구를 하고 있다.

3) ______________ 매주 유기견 보호 센터에서 봉사 활동을 한다.

4) 지수는 가정 형편이 어려운 가운데서도 ______________.

5) 사람들이 많은 가운데서도 ______________.

4. 함께 이야기해 봅시다.

1) 여러분은 사람들이 지켜보는 가운데 무언가를 해 본 경험이 있습니까?

2) 최근에 친구들과 이야기하는 가운데 새롭게 알게 된 정보가 있습니까?

3) 생활이 바쁜 가운데서도 잊지 말아야 하는 것에는 무엇이 있다고 생각합니까?

4) 경제적으로 어려운 가운데서도 꼭 지출해야 하는 게 있습니까? 어떤 것입니까?

문법 4 -기가 무섭게

1. 다음 문법의 의미를 생각해 봅시다.

- 중고라고 해도 좋은 물건은 **내놓기가 무섭게** 팔립니다.
- 남자가 대문 안으로 **들어서기가 무섭게** 개가 사납게 짖었다.
- 지수는 선생님의 질문이 **끝나기가 무섭게** 기다렸다는 듯이 대답을 했다.

2. 알맞은 것을 골라 말해 봅시다.

보기	켜지다	울리다	끝나다	✓ 떨어지다	출시되다

1) 사장님의 지시가 떨어지기가 무섭게 직원들은 바로 업무를 시작했습니다.
2) 그는 기다리는 전화가 있었는지 핸드폰이 ________ 전화를 받았습니다.
3) 교수님의 설명이 ________ 여기저기서 손을 들고 질문을 했습니다.
4) 신호등에 파란불이 ________ 사람들이 횡단보도를 빠르게 건너갔습니다.
5) 요즘 아이들에게 유행하는 그 게임기는 ________ 다 팔려서 구할 수가 없습니다.

3. 다음과 같이 문장을 완성해 봅시다.

1) 사귀자는 말을 꺼내기가 무섭게 그녀는 미안하다면서 거절했다.
2) 맛집들은 문을 열기가 무섭게 ________.
3) 그는 배가 고팠는지 음식이 나오기가 무섭게 ________.
4) ________ 사고 싶은 물건을 사러 간다.
5) ________ 아이들이 운동장으로 뛰어갔다.

4. 함께 이야기해 봅시다.

1) 요즘 나오기가 무섭게 팔리는 물건에는 무엇이 있습니까?
2) 우리 반에서 쉬는 시간이 되기가 무섭게 나가는 사람은 누구입니까?
3) 예매가 시작되기가 무섭게 콘서트 표가 매진되는 가수에는 누가 있습니까?
4) 가게 문을 열기가 무섭게 손님들이 들어가는 가게를 알고 있습니까? 어떤 가게입니까?

활동 기획안 발표하기

준비하기

1. 안내문을 보면서 함께 이야기해 봅시다.

1) 어떤 행사에 대한 안내문입니까?

2) 이 행사의 목표는 무엇입니까?

3) 이 행사의 특별한 프로그램은 무엇입니까?

4) 이 행사에 어떤 프로그램이 추가되면 좋을 것 같습니까?

2. 행사 기획안을 구성하는 방법을 알아봅시다.

구성	내용
행사 제목	행사를 가장 잘 드러낼 수 있도록 정한다. 제목을 보고 무엇에 관한 것인지 직감적으로 알 수 있게 한다.
행사 부제	주제를 명확하게 하고 흥미를 유발할 수 있도록 한다. 행사에서 다룰 핵심어를 이용하는 것도 좋다.
행사 목표	행사의 가장 중요한 의도나 목적을 적는다.
기대 효과	행사를 통해 얻을 수 있는 긍정적 효과를 적는다.
프로그램 개요	행사 주요 프로그램을 적는다.
세부 내용	행사 주요 프로그램의 세부 내용을 구체적으로 적는다.

활동하기

1. 팀원들과 함께 다음 주제로 행사 기획안을 작성해 봅시다.

주제	합리적인 소비	친환경적인 생활	자원 재활용	동물 보호
대상	한국어교육센터 5급 학생들(또는 전체 학생)			

1) 어떤 행사를 하고 싶습니까?
2) 그 행사의 목표는 무엇입니까?
3) 그 행사를 통해 기대하는 효과는 무엇입니까?
4) 어떤 내용으로 행사를 구성하고 싶습니까?

2. 팀에서 개최하고 싶은 행사를 기획해 봅시다.

____________________ 행사 기획안 팀명:	
행사 제목	
행사 부제	
행사 목표	
기대 효과	
프로그램 개요	
세부 내용	

3. 기획안 발표 연습을 해 봅시다.

1) 기획안 내용을 효과적으로 전달할 수 있도록 팀원들과 연습해 보세요.
2) 팀원들은 발표자의 발표를 들으면서 개선해야 할 부분을 메모하고 이야기해 주세요.

※ 기획안 발표 시 주의 사항

1) 기획안 내용을 정확하게 전달할 수 있도록 자신감 있는 태도로 발표해야 함.
2) 단순하게 설명하는 것이 아니라 듣는 사람을 설득시킨다는 생각으로 발표해야 함.
3) 내용을 효과적으로 전달하기 위해 적절한 비언어적 신호를 사용해야 함.

4. 기획한 행사를 실제로 개최해 봅시다.

14

문화와 예술

14-1 / K로 문화를 말하다

어휘·표현 1	문화 관련 표현
듣기 1	케이 푸드에 관한 뉴스
읽기 1	케이 컬처에 관한 칼럼
문법	에 달하다/그치다, 을/를 바탕으로

14-2 / 예술로 일상을 말하다

어휘·표현 2	예술 관련 표현
읽기 2	예술의 기원에 관한 전공서
듣기 2	일상 속 예술 활동에 관한 대담
문법	에서 기인하다, -는/(으)ㄴ 감이 있다

활동 인용하여 보고서 쓰기

1. 한국 드라마나 영화를 통해 알게 된 한국 문화에는 어떤 것들이 있습니까?

2. 여러분 나라에서 인기 있는 한국 문화에는 무엇이 있습니까?

14-1 K로 문화를 말하다

어휘와 표현 1

1. 인기 및 유행과 관련된 표현을 알아봅시다.

1) 알맞은 표현을 골라 쓰십시오.

인기에 힘입다	반짝 인기로 끝나다	선풍적인 인기를 끌다	
열풍이 불다	입소문을 타다	고공 행진 중이다	마음을 사로잡다

① 이 드라마는 1편의 인기에 ____________________어 2편도 제작될 예정이다.

② 이 뮤직 비디오는 ____________________를 끌며 조회 수 1억을 기록했다.

③ 제품 수출이 지난해에 비해 10배나 올라 판매율이 ____________________ 중이다.

④ 그 가수의 신곡은 한때 인기를 끌었지만 ____________________로 끝나고 말았다.

⑤ 이번 올림픽 개막식 공연은 세계인의 마음을 ____________________기에 충분했다.

⑥ 전국적으로 캠핑 ____________이 불어 자연에서 여유를 즐기는 사람들이 많아졌다.

⑦ 그 영화가 재미있다는 후기가 관람객들의 ____________을 타고 빠르게 퍼지고 있다.

2) 빈칸에 공통으로 들어가는 단어로 알맞은 것을 연결하십시오.

① 유행 •　　　• 긍정적인/부정적인 ______ / ______을 끼치다/미치다 / ______을 받다

② 교류 •　　　• 최신 ______ / ______에 민감하다 / ______에 뒤떨어지다

③ 영향 •　　　• 문화 ______ / ______가 활발하다 / ______가 확대되다

2. 케이 컬처(K-Culture)와 관련된 표현을 알아봅시다.

1) 알맞은 표현을 골라 쓰십시오.

글로벌 팬층을 형성하다	건강한 재료를 사용하다	주제가 참신하다
전개 속도가 빠르다	무대의 완성도가 높다	다양한 가공식품이 있다
웹툰을 원작으로 하다	세계인의 입맛을 사로잡다	공감되는 노래 가사가 많다

케이팝 (K-Pop)	케이 푸드 (K-Food)	케이 드라마 (K-Drama)
글로벌 팬층을 형성하다	건강한 재료를 사용하다	주제가 참신하다

2) 함께 이야기해 보십시오.

① 여러분은 좋아하는 케이팝 가수가 있습니까? 왜 좋아합니까?

② 즐겨 보는 한국 웹툰이 있습니까? 어떤 내용입니까?

③ 여러분 나라의 음식 중에 세계인의 입맛을 사로잡은 것이 있습니까?

④ 참신한 주제로 사랑을 받은 영화나 드라마에는 어떤 것이 있습니까?

3. 문화를 평가할 때 사용하는 표현을 알아보고, 함께 이야기해 보십시오.

호평을 받다	위상을 높이다	작품성을 인정받다
틀에 박히지 않다	역대 최고 기록을 세우다	

1) 여러분 나라의 위상을 높인 사람에는 누가 있습니까?

2) 작품성을 인정받아 상을 받은 한국 영화에는 어떤 것이 있습니까?

3) 역대 최고 기록을 세운 육상 선수가 누구인지 알고 있습니까?

듣기 1

준비하기

1. 그림을 보면서 질문에 답하십시오.

〈출처: 한식진흥원〉

1) 동양인과 서양인이 좋아하는 한식에는 어떤 차이가 있습니까?

2) 외국인들이 어떤 이유에서 한식을 좋아한다고 생각합니까?

2. 여러분은 어떤 한국 음식을 좋아합니까? 왜 그 음식을 좋아합니까?

듣기

● **케이 푸드에 관한 뉴스를 듣고 질문에 답하십시오.** 14-1

1. 뉴스의 제목을 완성하십시오.

케이 푸드 역대 ______ 수출액 달성

2. 들은 내용을 노트에 정리해 보십시오.

1) 쌀 가공식품의 수출액 증가
- 전년 대비 40% 상승함.
- 수출액 1위 국가: ______

2) 라면의 뜨거운 인기
- 가장 많이 ______ 된 품목임.
- 수출액이 작년 대비 ______ % 넘게 상승함.

3) ______ 수출액 역시 증가
- 전년 대비 20% 상승함.
- 수출 국가 수: ______

3. 들은 내용과 같은 것을 모두 고르십시오.

① 케이 푸드의 수출액은 올해 최고 기록을 세웠다. □

② 수출액 증가가 가장 많은 품목은 라면이다. □

③ 케이 푸드는 아시아 지역에 한해 수출되고 있다. □

④ 케이 푸드의 인기를 지속하려면 현지화 전략이 필요하다. □

4. 들은 내용을 정리해서 말해 보십시오.

읽기 1

준비하기

● 그림을 보면서 질문에 답하십시오.

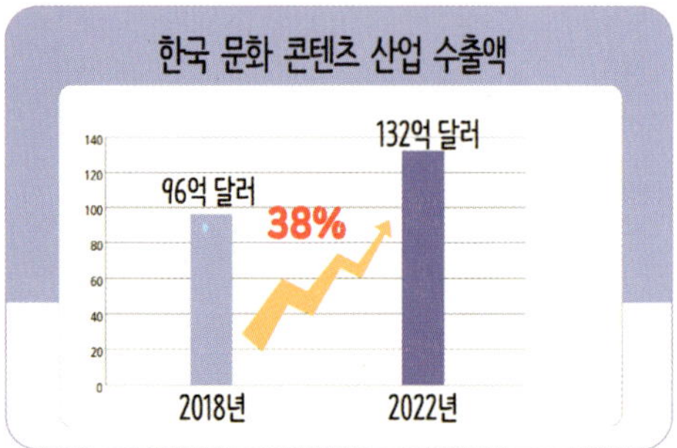

1. 한국 문화 콘텐츠 산업의 수출액은 어떻게 달라졌습니까?

2. 이러한 변화가 나타난 원인은 무엇이라고 생각합니까?

읽기

● 케이 컬처에 관한 칼럼을 읽고 질문에 답하십시오.

케이 컬처의 ______________

최근 몇 년 사이에 한국 문화, 이른바 '케이 컬처'가 세계적으로 선풍적인 인기를 끌고 있다. 케이 컬처란 한국 문화의 다양한 측면을 포함하는 개념으로 음악, 미술, 음식, 기술, 생활 양식 등 다양한 영역에서 나타나는 한국의 문화적 특성을 가리킨다.

케이 컬처라고 하면 가장 먼저 한국의 대중음악인 케이팝을 떠올리지 않을 수 없다. 아이돌을 중심으로 한 케이팝은 이제 아시아 지역의 인기를 넘어 글로벌 팬층을 보유하며 전 세계로 확산되었다. 이들은 음악적 재능과 감각적인 스타일을 바탕으로 완성도 높은 무대를 선보이며 전 세계 팬들의 마음을 사로잡았다. 뿐만 아니라 케이 드라마 역시 로맨스, 판타지, 사극 등 다양한 장르를 폭넓게 다루면서 글로벌 시청자들에게 사랑을 받고 있다. 한국 영화 또한 다수의 국제 영화제에서 작품성을 인정받으며 한국 영화의 위상을 높이고 있다. 최근에는 케이 컬처의 범위가 더욱 확대되어 웹툰과 게임이 새로운 한류 열풍을 이끄는 중이다. 이렇게 케이 컬처가 세계적으로 사랑받는 이유는 무엇일까?

먼저 독창적이고 창의적인 콘텐츠를 제공하기 때문이다. 예를 들면 한국 드라마와 영화는 틀에 박히지 않은 참신한 주제를 바탕으로, 독특한 내용과 개성 있는 인물을 통해 시청자들의 흥미를 끌어낸다. 예측할 수 없는 반전과 긴장감 넘치는 전개 또한 몰입도를 높이는 요소이다. 케이팝 역시 해외 음악가와 협업을 하는 등 다양한 음악을 선보이려는 노력을 멈추지 않는다. 이러한 창의적인 접근이 케이 컬처의 완성도를 높이며 글로벌 팬층을 형성한 것이다.

이와 더불어 한국 연예 산업의 기획력도 케이 컬처의 발전에 기여한 부분이 크다. 한국의 연예 산업은 특화된 홍보 전략으로 케이 컬처의 확산을 이끌고 있다. 다양한 디지털 플랫폼과 소셜 미디어를 적극 활용하여 글로벌 팬들과의 소통을 강화하고 있다. 이를 통해 케이 컬처의 영향력과 인지도를 높인 것이다.

케이 컬처의 인기는 단순한 유행을 넘어, 전 세계 사람들의 일상과 문화적 경험에 깊이 스며들고 있다. 이러한 인기는 한국의 독창성과 매력, 그리고 이를 효과적으로 전달하는 전략이 어우러진 결과라고 할 수 있다. 앞으로도 케이 컬처는 더욱 많은 이들에게 사랑받으며 지속적으로 성장할 것으로 기대된다.

1. 이 글의 제목으로 적절한 것을 고르십시오.

① 케이 컬처의 역사 □ ② 케이 컬처의 인기 요인 □

2. 다음 표를 완성하십시오.

케이 컬처의 종류	특징
케이팝	아이돌을 중심으로 ______ 높은 무대를 선보임.
케이 드라마	다양한 ______를 폭넓게 다룸.
한국 영화	국제 영화제에서 ______을 인정받음.

3. 묻고 대답하십시오.

1) 케이 컬처의 뜻은 무엇입니까?
2) 최근에 케이 컬처의 영역은 어디까지 확대되었습니까?
3) 케이 컬처 확산에 소셜 미디어는 어떤 역할을 했습니까?

4. 다음 표현을 이용하여 읽은 내용을 정리해서 말해 보십시오.

케이 컬처의 종류	케이팝 케이 드라마 한국 영화
인기 요인 1	독창적 창의적 참신한 주제
인기 요인 2	연예 산업 기획력 홍보 소셜 미디어

5. 함께 이야기해 보십시오.

1) 최근 인기를 끌고 있는 한국 콘텐츠에는 어떤 것이 있습니까? 그 콘텐츠가 인기를 끄는 요인은 무엇이라고 생각합니까?
2) 여러분 나라에서 인기 있는 콘텐츠와 한국 콘텐츠에는 어떤 공통점과 차이점이 있습니까?

문법

문법 1 에 달하다/그치다

1. 다음 문법의 의미를 생각해 봅시다.

- 올해 상반기 수출액은 1년 전보다 30% 넘게 늘어 6억 달러에 달했습니다.
- 그동안 아시아 지역에 그쳤던 케이 푸드 판매가 최근 유럽으로까지 확대되고 있다.
- 올해 경제 성장률은 기대와 달리 1.5% 성장하는 것에 그치고 말았다.

2. 알맞은 것을 연결한 뒤에 말해 봅시다.

1) 올해 해외 수출액이 10억 달러에 달했습니다.

1) 올해 해외 수출액 •	• 2위
2) 올해 한국의 출산율 •	• 0.7명
3) 우승 후보였던 우리 팀 •	• 30만 대
4) 폭우로 집을 잃은 사람들 •	• 10억 달러
5) 새로 출시된 자동차 판매량 •	• 수십만 명

3. 알맞은 것을 골라 써 봅시다.

보기	극	✔ 다짐	계획	한계	보여 주기식

1) 이번에는 다짐에 그치지 말고 실제 행동으로 보여 줘야 한다.

2) 월급 인상을 두고 노사 갈등이 ______________________.

3) 체력이 ______________________ 한 발짝도 움직일 수가 없었다.

4) 이번 프로젝트는 예산 부족으로 인해 ______________ 실제로 진행되지 못했다.

5) 정부의 환경 보호 정책은 실제적인 변화 없이 ______________________.

4. 여러분 나라의 최근 상황에 대해 함께 이야기해 봅시다.

수입액 | 수출액 | 경제 성장률 | 그 외

문법 2 을/를 바탕으로

1. 다음 문법의 의미를 생각해 봅시다.

- 케이팝은 음악적 재능에 감각적인 **스타일을 바탕으로** 완성도 높은 무대를 선보인다.
- 이 영화는 **실화를 바탕으로** 제작되어 더 깊은 감동을 준다.
- 김한수 작가는 뛰어난 **감수성을 바탕으로** 감성적인 그림을 그리는 것으로 유명하다.

2. 알맞은 것을 골라 말해 봅시다.

보기	만화	✓ 상상력	기술력	취재 내용	고객 의견

1) 김 감독은 풍부한 상상력을 바탕으로 흥미로운 영화를 제작했습니다.
2) 신문 기자는 ____________ 기사문을 작성해야 합니다.
3) 우리 백화점은 ____________ 서비스를 개선할 예정입니다.
4) 이번 영화는 어렸을 때 인상 깊게 본 ____________ 만들었다고 합니다.
5) 우리 회사는 우수한 ____________ 질 좋은 제품을 생산하려고 노력합니다.

3. 다음과 같이 문장을 완성해 봅시다.

1) 배우 김정우 씨는 뛰어난 연기력을 바탕으로 인물을 현실감 있게 표현했다.
2) 경찰은 여러 목격자들에게 들은 ____________ 그 사건의 범인을 찾아냈다.
3) 여행가 이소미 씨는 세계여행을 다녀온 ____________ 여행 안내서를 냈다.
4) 이번 과제는 설문 조사 ____________ 유학생의 생활 실태를 분석하는 것이다.
5) 나는 망설이다가 오래 만난 친구에 대한 ____________ 큰돈을 빌려주기로 했다.

4. 함께 이야기해 봅시다.

1) 실화를 바탕으로 한 영화나 드라마에는 어떤 것이 있습니까?
2) 성공한 사람들의 성공 요인은 무엇이라고 생각합니까?

14-2 예술로 일상을 말하다

어휘와 표현 2

1. 예술과 관련된 표현을 알아봅시다.

1) 알맞은 단어를 골라 쓰십시오.

건축	조각	미술	음악	무용

①

②

③

④

⑤

2) 함께 이야기해 보십시오.

① 여러분 나라를 대표하는 건축물에는 어떤 것이 있습니까?

② 여러분은 어떤 음악 장르를 즐겨 듣습니까?

③ 세계적으로 유명한 미술가에는 누가 있습니까?

2. 예술의 기원과 관련된 표현을 알아봅시다.

1) 공통으로 들어가는 단어를 골라 쓰십시오.

가설	주술	노동	모방	유희

① • ______을 세우다
• 설득력 있는 ______

② • ______ 범죄
• ______ 심리

③ • ______의 효과
• ______을 믿다

④ • 육체적 ______
• ______의 대가

⑤ • ______ 활동
• ______를 즐기다

2) 함께 이야기해 보십시오.

① 모방 심리 때문에 어떤 것을 따라 하거나 구매한 적이 있습니까?
② 여러분이 자주 하는 유희 활동에는 어떤 것이 있습니까?
③ 세계에서 노동력이 풍부한 나라는 어디입니까?

3. 예술 활동과 관련된 표현을 알아봅시다.

1) 알맞은 표현을 골라 쓰십시오.

예술을 향유하다	표현 욕구를 충족하다	창의성을 발휘하다
내면을 들여다보다	정서적 안정을 얻다	자기 신뢰를 높이다

① 반려동물과 함께 시간을 보내며 ______________________는 사람들이 많다.
② 다른 사람의 의견을 무조건 따라 하기만 하면 ______________________기 어렵다.
③ 그는 다양한 온라인 전시회를 통해 집에서도 쉽게 ______________________고 있다.
④ 가끔씩 명상을 통해 본인의 ______________________는 시간을 가질 필요가 있다.
⑤ ______________________는 좋은 방법은 매일 작은 목표를 세우고 달성하는 것이다.
⑥ SNS는 사진, 글 등을 통해 자신의 개성을 드러내며 ______________는 공간으로 활용된다.

2) 함께 이야기해 보십시오.

① 여러분은 무엇을 통해서 정서적 안정을 얻습니까?
② 자신의 내면을 들여다보기 좋은 활동에는 어떤 것이 있습니까?
③ 여러분은 자신의 표현 욕구를 충족할 만큼 한국어 실력이 늘었다고 생각합니까?

읽기 2

준비하기

● 그림을 보면서 이야기해 보십시오.

1. 인간은 최초에 어떻게 예술 활동을 시작하게 되었을까요?
2. 사람들이 왜 예술 활동을 한다고 생각합니까?
3. 여러분은 생활 속에서 어떤 예술 활동을 하고 있습니까?

읽기

● 예술에 관한 전공서를 읽고 질문에 답하십시오.

예술은 왜 생겨났을까?

인간은 새롭고 신기한 것을 좋아하고 모르는 것을 알고 싶어 하는 욕구를 가진 존재이다. 이러한 욕구는 인간이 환경에 적응하는 과정에서 다양한 방식으로 표현되어 왔다. 과거 알타미라(Altamira)의 동굴 벽화에서부터 현재의 온라인 환경에 이르기까지, 인간의 호기심은 다양한 표현 양식을 만들어 냈다. 이처럼 인간은 생존을 위한 필수적인 능력뿐 아니라 예술적 호기심, 미적 관심 그리고 이를 표현하고자 하는 본능을 가지고 있다.

과연 '예술'이란 무엇일까? 일반적으로 예술은 어떤 일정한 재료와 양식, 기술 등을 통해 아름다움과 미적 가치를 창조하고 표현하려는 인간의 활동과 그 결과로 정의된다.

그렇다면 인간은 왜 예술적 행위를 하기 시작했을까? ㉠예술의 기원에 대한 해석은 다양하지만, 일반적으로 ______, ______, ______, ______의 목적에서 비롯된 것으로 본다.

첫째, 인간이 본능적으로 자연에 있는 것을 따라 함으로써 예술이 시작되었다고 보는 모방 기원설이 있다. 고대 철학자인 아리스토텔레스는 인간이 모방을 가장 좋아하는 동물이며, 최초의 지식은 모방을 통해서 얻어진다고 하였다. 이처럼 끊임없이 무엇인가를 모방하고자 하는 인간의 본능과 이로 인한 기쁨에서 예술의 기원을 찾는 것이 모방 기원설이다.

둘째, 일을 하는 과정에서 느끼는 어려움을 잊으려는 행위에서 예술의 기원을 찾기도 한다. 인간은 힘든 노동을 견디기 위해 동물의 가죽과 뼈로 악기를 만들어 노래를 불렀는데 여기에서 예술이 시작되었다고 보는 것이다. 즉, 노동 기원설은 노동의 고통을 잊으려고 하는 행동에서 기인한 것이다.

다음으로는 예술의 기원을 놀이를 즐기려고 하는 인간의 본능에서 찾고자 하는 유희 기원설이 있다. 인간을 비롯한 모든 동물은 생존을 위해 자신의 에너지를 소비한다. 그러나 동물과 달리 인간은 생존을 위해 쓰고 남은 힘과 능력을 유희를 즐기는 데 쓴다는 것이다. 남는 에너지를 소모하기 위한 유희 행위가 예술로 이어졌다는 것이 유희 기원설이다.

마지막으로 예술의 기원을 주술적 행위에서 비롯되었다고 보기도 한다. 예를 들면 많은 동물을 사냥하고 싶은 소망을 담아, 동물의 그림을 그려 놓고 창을 던지는 주술적 행위를 예술의 시초라고 보는 관점도 있다.

이처럼 예술은 인간의 감정과 생각을 표현하는 중요한 수단으로, 그 기원은 인류의 역사만큼이나 오래되었다. 인간이 언제, 어떻게 예술을 시작했는지는 정확히 알 수 없지만 예술은 인간 본성과 밀접한 관련이 있으므로, 그 기원을 탐구하는 것은 인간을 이해하는 중요한 열쇠가 될 것이다.

1. 무엇에 대해 이야기하고 있습니까?

예술의 ______

2. 적절한 표현을 사용해서 ㉠을 완성하십시오.

㉠	예술의 기원에 대한 해석은 다양하지만, 일반적으로 ______, ______, ______ ______의 목적에서 비롯된 것으로 본다.

14 문화와 예술

3. 읽은 내용과 같은 것을 모두 고르십시오.

① 무엇인가를 따라 하려는 모방 심리는 인간의 본능이다. □

② 노동 기원설은 노동의 고통을 예술로 잊으려는 시도에서 비롯되었다. □

③ 동물에게는 쓰고 남은 에너지를 놀이에 사용하고자 하는 특징이 있다. □

④ 소망을 담은 그림을 그리는 데서 비롯된 것이 주술 기원설이다. □

4. 그림을 보면서 읽은 내용을 정리해서 말해 보십시오.

1)

2)

3)

4)

듣기 2

준비하기

● 다음 자료를 보면서 이야기해 보십시오.

국가별 중산층 인식 기준

미국

자신의 주장에 떳떳함
사회적 약자에게 도움을 줌
부정과 불법에 항의할 수 있음
비평지를 정기 구독하고 있음

프랑스

1개 이상의 외국어를 할 수 있음
1개 이상의 악기를 다룰 수 있음
직접 즐기는 스포츠가 있음
약자를 돕는 봉사 활동을 하고 있음

한국

30평 아파트를 가지고 있음
월급을 500만 원 이상 받음
중형차를 소유하고 있음
해외 여행은 1년에 1회 이상 감

1. 각 나라의 중산층 기준은 어떻게 됩니까?

2. 각 나라의 중산층 기준은 무엇이 다르다고 생각합니까?

듣기

● 예술 활동에 관한 대담을 듣고 질문에 답하십시오. 14-2

1. 이 대담에서 설명하고 있는 프로젝트의 이름은 무엇입니까?

'_______ 속에서 _______ 을 시작하자.'

2. 다음 표를 완성하십시오.

프로젝트의 취지	일상에서의 작은 ______ 를 통해 누구나 쉽게 예술을 즐기게 함.
프로젝트의 활동	______ 활동과 ______ 활동으로 나뉨.

3. 묻고 대답하십시오.

1) 예술에 대한 생각은 예전과 요즘이 어떻게 다릅니까?
2) 프로젝트 감상 활동 중 시민들의 인기가 높은 프로그램은 무엇입니까?
3) '일상 소리로 음악 만들기'는 어떻게 진행되는 프로그램입니까?
4) 예술이 어렵다고 생각하는 사람들에게 어떤 방법을 추천했습니까?

4. 다음 표현을 이용하여 들은 내용을 정리해서 말해 보십시오.

예술 활동의 필요성 1	표현 욕구	내면	자기 감정	이해를 높이다
예술 활동의 필요성 2	새로운 방식	창의성	발휘하다	자기 신뢰

5. 함께 이야기해 봅시다.

1) 여러분은 일상에서 예술 활동을 하고 있습니까? 하고 있지 않다면 어떤 예술 활동을 해 보고 싶습니까?
2) 우리 주변에 문화 예술 활동과 관련한 프로젝트가 있는지 알아봅시다.

전달력 향상하기

의미를 생각하면서 끊어 읽어 보십시오.

이번 프로젝트는 일상에서의 작은 시도를 통해 누구나 쉽게 예술을 즐길 수 있도록 기획되었습니다. 크게 감상 활동과 창작 활동으로 나뉘는데요. 감상 활동에서는 어렵게만 느껴졌던 순수 예술을 친숙하게 경험할 수 있도록 돕고 있습니다. 여러 프로그램 중에서도 '오페라야 놀자'와 '골동품 투어'가 시민들에게 인기가 좋습니다.

문법 3 에서 기인하다

1. 다음 문법의 의미를 생각해 봅시다.

- 노동 기원설은 노동의 고통을 잊으려고 하는 **행동에서 기인한** 것이다.
- 그 교통사고는 운전자의 **음주 운전에서 기인한** 것으로 결론이 났다.
- 이번 경기에서 진 것은 상대를 쉽게 보고 **방심한 데에서 기인한** 결과였다.

2. 알맞은 것을 골라 써 봅시다.

보기	갈등	부주의	✓스트레스	고정 관념	부실 공사

1) 김 대리의 우울증은 업무 스트레스에서 기인한 것이다.
2) 무조건 여자가 집안일을 해야 한다는 생각은 ______________ 것이다.
3) 이번 산불은 담배를 아무 데나 버린 등산객의 ______________ 것이다.
4) 드라마 제작이 중단된 것은 배우들의 ______________ 것이라고 한다.
5) 경찰 조사에 따르면 건물이 무너진 사고는 ______________ 것으로 밝혀졌다.

3. 다음과 같이 문장을 완성하십시오.

1) 그 사람에 대한 나의 열등감은 낮은 자존감에서 기인한 것이다.
2) 도시의 집값 상승은 ______________ 결과이다.
3) 그 사람의 예의 없는 행동은 부모의 잘못된 ______________ 것이다.
4) 한국어로 문장을 쓸 때 철자를 틀리는 것은 단순한 ______________ 경우가 많다.

4. 함께 이야기해 봅시다.

1) 현대인들에게 많이 나타나는 질병에는 어떤 것이 있습니까? 왜 그런 질병이 나타난다고 생각합니까?
2) 부주의에서 기인하여 일어난 사건이나 사고에 대해 들어 본 적이 있습니까?

문법 4 -는/(으)ㄴ 감이 있다

1. 다음 문법의 의미를 생각해 봅시다.

- '예술 활동을 하기에 좀 늦은 감이 있다.'라고 생각하는 사람도 있을 것이다.
- 두 사람 모두 성인이지만 결혼을 하기에는 아직 이른 감이 있다.
- 요즘 영양제를 너무 많이 먹는 감이 있어서 조금 줄이려고 한다.

2. 알맞은 것을 골라 말해 봅시다.

보기	늦다	길다	✓짧다	편하다	멀어지다

1) 이 치마는 디자인은 예쁜데 제가 입기에 길이가 좀 짧은 감이 있어요.
2) 제출한 보고서의 길이가 지나치게 ______________. 그러니까 좀 줄여 보세요.
3) 40살이 넘어서 외국어를 배우는 건 좀 ______________ 열심히 하고 있어요.
4) 일본에서 오래 살아서 그런지 때로는 한국어보다 일본어가 더 ______________.
5) 토론이 계속될수록 처음과 달리 토론 내용이 점점 주제에서 ______________.

3. 다음과 같이 문장을 완성해 봅시다.

1) 4월인데 벌써 반팔 티셔츠를 꺼내 입는 것은 좀 이른 감이 있다.
2) 김미숙 작가의 이번 드라마는 전개가 별로 빠르지 않아서 ______________.
3) 그 선생님의 강의는 좀 ______________ 학생들이 이해하기 쉽지 않다.
4) 그동안 사용하던 컴퓨터의 속도가 ______________ 새 컴퓨터로 교체할 생각이다.
5) 이번에 새로 나온 운동화는 조금 ______________ 한정판이라 꼭 사야 한다.

4. 함께 이야기해 봅시다.

1) 오늘 배운 문법은 5급 학생들이 배우기에 어떻다고 생각합니까?
2) 여러분 고향과 비교할 때 한국의 물가는 어떻다고 생각합니까?
3) 인공 지능으로 대체하기에 아직 이른 감이 있다고 생각하는 일은 무엇이 있습니까?

활동 인용하여 보고서 쓰기

준비하기

1. 표절의 개념과 태도에 대해 알아봅시다.

표절(plagiarism)이란 다른 사람의 창작물, 아이디어, 문장 등을 허락 없이 자신의 것처럼 사용하는 것을 말한다. 표절은 학문, 예술, 음악 등 다양한 분야에서 발생할 수 있다. 문장을 그대로 사용하는 것뿐만 아니라 아이디어나 연구 결과를 출처 없이 몰래 사용하는 것도 표절에 해당된다. 창작자는 자신의 작품에 대한 권리를 가지므로 이를 존중하지 않는 것은 법적, 도덕적으로 심각한 문제가 될 수 있다. 이러한 문제를 예방하기 위해서는 출처와 인용 표시를 정확하게 하고 타인의 창작물을 존중하는 태도를 갖추는 것이 중요하다.

1) 표절의 정의는 무엇입니까?

2) 표절 문제를 해결하기 위해서는 어떤 노력이 필요합니까?

2. 표절에 대한 여러분의 인식은 어떻습니까? 해당되는 대답에 ✓ 하십시오.

1) 표절은 윤리적인 측면에서 심각한 문제이다. 예 □ 아니오 □
2) 표절 예방 지식이 나한테 도움이 되지 않는다. 예 □ 아니오 □
3) 표절은 학생들의 논리력, 창의력 등을 방해한다. 예 □ 아니오 □

3. 인용의 필요성과 목적에 대해 알아봅시다.

다문화 가정은 종종 사회적 편견과 차별의 대상이 되기도 한다. 이러한 편견은 다문화 가정의 구성원들에게 심리적 부담을 주고, 사회적 고립을 심화시킨다.
국민대 김명민 교수는 다문화 가정의 자녀들이 친구들로부터 따돌림을 당하는 사례가 많다고 하였다. 언론 인터뷰에서도 "다문화 가정의 아이들은 사회적 편견과 차별로 인해 심리적, 정서적 어려움을 겪고 있다."라고 말한 바 있다.

1) 위 글의 주제는 무엇입니까?

________ 과 ________ 로 인해 생기는 다문화 가정의 어려움

2) 글의 주제를 뒷받침하기 위해 어떤 방법을 사용했습니까? 해당 부분에 표시해 봅시다.

활동하기 1

※ 인용은 왜 할까?

1. 신뢰할 만한 내용을 인용함으로써 자신의 주장에 대한 객관적인 근거를 제시할 수 있음.
2. 권위 있는 전문가의 의견을 포함하면 자신의 주장에 전문성을 높일 수 있음.
3. 인용을 통해 특정 관점만이 아니라 다양한 관점에서 균형 잡힌 논의를 할 수 있음.

1. 인용하는 방법을 알아보고 써 봅시다.

직접 인용	"_______."라고 하였다/주장했다/언급했다/지적했다
간접 인용	-다고 하였다/주장했다/언급했다/지적했다

인용의 출처를 나타낼 때	• (조사 기관, 연구 결과)에 따르면/에 의하면 -는 것으로 나타났다 • (전문가)은/는 -라고 하였다/주장했다/언급했다/지적했다 • (조사 기관, 연구 결과, 전문가)은/는 다음과 같이 설명하고 있다. 예 ① 세계 보건 기구(WHO)에 따르면 건강한 재료와 규칙적인 식사가 수명 연장에 도움이 되는 것으로 나타났다. ② 김 교수는 "다문화 가정은 심리적, 정서적 어려움을 겪고 있다."라고 지적했다. ③ 김민수(2025)에서는 다음과 같이 설명하고 있다.

인용 후 자신의 의견을 제시할 때	• 이러한 견해를 통해 알 수 있듯이 • 이러한 사실은 …을/를 시사한다 • -다는 점에서 중요한 의미를 가진다 예 ① 이러한 견해를 통해 알 수 있듯이 식습관이 건강한 생활과 장수에 중요한 역할을 한다. ② 이러한 사실은 다문화 가정의 사회적 통합이 필요함을 시사한다. ③ 환경 보호 정책은 지속 가능성의 측면에서 중요한 의미를 가진다.

1) 한국 화장품은 피부 고민에 맞는 다양한 기능성 제품을 출시하고 있어, 선풍적인 인기를 끌고 있어요.

- 한국미용협회

➡ 직접 인용: ______________________________

간접 인용: ______________________________

2) 유학생들의 철자 능력을 검사한 결과 유급 집단의 철자 능력은 한국어 능력과 관련이 있다.

- 김미나의 2025년 학술 자료

➡ ____________________. 이러한 사실은

____________________.

활동하기 2

1. 일상에서 문화 예술 활동을 하지 못하는 원인에 대해 알아봅시다.

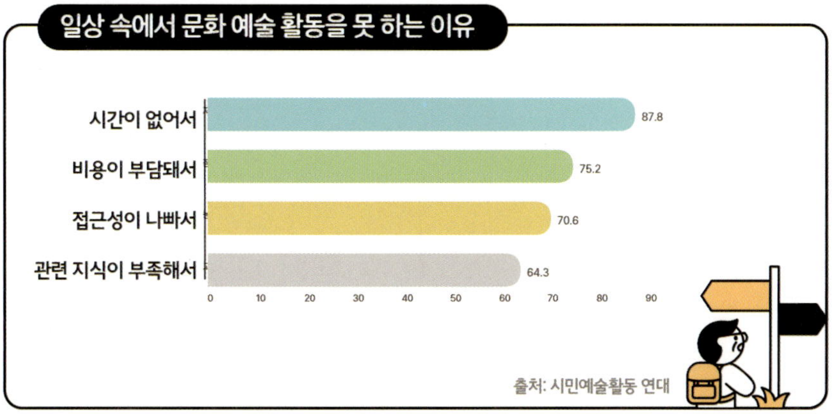

2. 보고서에 들어갈 내용을 조사해 봅시다.

조사 항목	출처	조사 내용
예술 활동 참여 실태		
예술 활동 활성화를 위한 노력		

3. 조사한 내용 중 2-3개 정도를 인용하여 다음의 내용을 포함하여 보고서를 써 보십시오.

예술이란 무엇인가?

예술은 우리 삶에 어떤 역할을 하는가?

예술 활동의 참여 실태는 어떠한가?

예술 활동을 저해하는 원인은 무엇인가?

어떻게 하면 예술 활동을 활성화할 수 있는가?

부록

- 듣기 대본
- 모범 답안
- mp3 목록
- 순화어 목록
- 참고 자료

5-2 듣기 대본

08 성격과 심리

♬ 08-1

최근 인기를 끌고 있는 검사가 있는데요. 혹시 'MBTI'라고 들어 보셨나요? MBTI는 'Myers-Briggs Type Indicator'의 약자로, 자신의 성격을 알아보는 심리학 검사이자 진로를 결정할 때도 활용되는 도구를 말합니다. MBTI는 에너지 방향, 인식 방식, 판단 방식, 생활 방식, 이 네 가지 기준에 따라 성격을 분류합니다. 그리고 네 가지 기준을 각각 알파벳 E와 I, S와 N, T와 F, J와 P로 나누어 성격을 설명합니다. 그럼 이제부터 각 알파벳이 의미하는 성격의 특징을 알아볼까요?

첫 번째 기준인 E와 I는 에너지의 방향을 의미하는데요. 외부에서 에너지를 얻거나 다른 사람에게 자신의 에너지를 사용하는 걸 좋아하면 'E형'이라고 할 수 있습니다. 활발하고 외향적인 성향이 E형에 해당되며, 이 유형은 타인과 상호 작용하는 것을 좋아합니다. 반면에 'I형'은 스스로 에너지를 얻거나 주로 자신에게 에너지를 사용하는 사람으로, 조용하고 내향적인 성향을 보입니다. 이들은 자신만의 공간과 시간을 가질 때 편안함을 느낍니다.

두 번째는 인식을 하는 방식에 따라 S형과 N형으로 성격을 분류합니다. 'S형'은 현실적인 것을 중요하게 여깁니다. 경험을 통해 정보를 받아들이는 것을 선호하기 때문에 구체적인 사실에 관심을 가집니다. 이와 달리 'N형'은 미래 지향적입니다. 새로운 것에 호기심이 있기에 상상력이 풍부한 사람들이 많습니다.

세 번째 기준은 결정을 내리는 방식입니다. 'T형'과 'F형'으로 나뉘는데, T형은 논리적이며 분석적입니다. 그래서 객관적인 기준을 가지고 결정을 내립니다. 반면에 F형은 개인적 가치나 사회적 가치 등 감정적인 것을 중시합니다. 그래서 타인의 감정을 고려하여 판단하고 결정을 내리는 편입니다.

마지막으로 생활 방식에 따라 'J형'과 'P형'으로 분류할 수 있습니다. 계획적이고 체계적인 것을 선호하는 게 J형의 특징입니다. 그래서 일을 처리하기 전에 계획을 수립하는 것을 좋아합니다. 이와 달리 P형은 유연하고 개방적인 것을 선호하기에 다양한 상황을 잘 받아들이며 즉흥적으로 일을 처리하는 편입니다.

지금까지 살펴본 것처럼 MBTI는 네 가지 기준에 따라 성격을 나누어 설명합니다. 다음 콘텐츠에서는 각 유형의 특징에 대해서 자세히 알아보도록 하겠습니다.

♬ 08-2

진행자 지금부터는 여기 오신 여러분의 고민을 들어 보고 이야기하는 시간을 가져 볼까 합니다. '나는 자존감이 낮아서 힘들다.', 이 주제에 대해 솔직하게 본인 얘기를 들려주실 분이 계실까요? 네. 저기 까만색 모자 쓰신 남자분 손 드신 거죠? 좋습니다. 마이크 대고 이야기해 주시겠어요?

사연자 안녕하세요? 저는 대학에 다니고 있는 20대 청년입니다.

진행자 요즘 어떤 것 때문에 힘드신가요?

사연자 저는 왜 이렇게 자존감이 낮은지 모르겠어요. 사실 그럴 이유가 별로 없거든요. 학창 시절에 성적도 항상 상위권이었고, 남부러울 것 없는 가정 환경에서 컸는데……. 나에 대한 기대치는 높은데, 그 기대에 못 미쳤을 때 오는 실망감 때문에 힘든 건 아닌가 싶어요. 이런 게 연애를 할 때도 영향을 미치는 것 같아요.

얼마 전 교양 수업 때 자존감 테스트를 했는데요. 제 여자 친구는 40점 만점에 35점이 나왔지만 저는 12점밖에 안 나왔어요. 자존감이 높은 여자 친구는 제가 잘못을 해도 너그럽게 이해해 주는데, 오히려 저는 여자 친구의 사소한 말 한마디에도 상처를 받아 우울해지곤 해요. 여자 친구가 표현은 안 하지만 이런 나를 계속 참아 내고 있는 건 아닌지, 이러다가 나를 싫어하게 되진 않을까 걱정돼요. 여자 친구 기분이 어떤지 자꾸 눈치를 보게 되니까 자존감이 더 떨어지는 것 같아요. 어떻게 하면 자존감을 높일 수 있을까요?

♬ 08-3

진행자 용기 내서 자신의 사연을 들려주신 남학생에게, 우리 박수 한번 쳐 드릴까요? 사연자분의 고민에 대해 박사님, 속 시원한 해결책 좀 주시죠?

전문가 네. 요즘 자존감을 높이는 방법과 관련된 책이나 영상들이 참 많습니다. 여기 계신 분들도 한 번쯤은 보셨을 거예요. 그런데 거기 나온 대로 실천하는 것이 쉽지는 않습니다. 그래서 오늘은 일상에서 쉽게 해 볼 수 있는 방법 딱 세 가지만 말씀드릴까 해요.

첫 번째는 달성하기 쉬운 목표를 세워서 실천해 보는 거예요. 스스로 노력해서 목표를 이뤄 내면 성취감이 생기는데, 이 성취감이 자존감을 올리는 데 가장 중요하거든요. 그런데 거창하게 계획을 세우면 실패하기 쉬우니까 매일 하나씩 작은 목표를 설정하는 거예요. '누군가에게 열 번 웃어 주기', '두 시간마다 물 마시기' 등이 그 예라고 할 수 있어요. 매일 작지만 스스로 정한 목표를 달성함으로써 조금씩 성취감이 쌓이는 거죠. 그러다 보면 나도 모르게 자존감이 높아지게 되는 경험을 하게 될 겁니다.

다음으로는 '한 줄 칭찬 일기'를 권하고 싶은데요. 다른 사람이 아니라 본인을 칭찬하는 거예요. 아주 사소한 것이라도 하루에 한 가지씩 자신을 칭찬해 보세요. 오늘 나의 하루 중에서 칭찬할 만한 행동이 있었는지 떠올려 본 다음에, 그 행동에 대해서 칭찬의 말을 덧붙여 쓰면 됩니다. 예를 들어 버스에서 자리를 양보한 행동이 떠오르면 '버스에서 자리를 양보하다니 난 정말 친절한 사람이야.'와 같이 말이에요. 스스로 칭찬을 하는 과정에서 자신의 강점과 좋은 경험을 되돌아보는 기회를 얻게 되는 거지요.

마지막으로 나를 위한 소비를 하라고 말씀드리고 싶어요. 쉽게 말하면 잘하고 있는 나에게 상을 주는 거예요. 근사한 식당에서 식사를 한다든가 평소 가지고 싶었던 물건을 큰맘 먹고 구입한다든가 같은 것이 예가 될 수 있어요. 이런 물질적인 것뿐만 아니라 좋아하는 일에 시간을 쓰는 것도 가능합니다. 바쁜 일상 속에서 나를 위한 시간을 내서, 나를 즐겁게 하는 다양한 활동을 하는 거지요. 자신에게 만족을 줄 수 있는 것이면 뭐든지 좋습니다. 스스로에게 넉넉히 베푸는 행위를 실천해 보세요.

09 동물과 식물

♬ 09-1

운전을 하다 보면 야생 동물이 도로에서 사고당한 걸 종종 볼 수 있는데요. 오늘은 이러한 사고를 막기 위해 설치한 생태 통로 앞에 나와 있습니다. 동물 교통사고는 봄부터 여름 사이에 많이 발생합니다. 날씨가 따뜻해지면서 야생 동물의 활동이 활발해지기 때문인데요. 오늘은 생태 통로란 무엇이고 실제 이용 현황은 어떤지 알아보겠습니다.

지금 여기 보이는 구조물이 바로 생태 통로입니다. 도로나 철도를 건설할 때 동물이 살던 서식지가 단절되는 경우가 많은데요. 단절된 동물의 서식지를 연결해서 야생 동물이 이쪽에서 저쪽으로 안전하게 이동할 수 있도록 인공적으로 만든 구조물을 생태 통로라고 합니다. 생태 통로를 처음 만들기 시작했을 때는 소음이나 빛에 그대로 노출되는 등 야생 동물의 특성을 고려하지 않는 경우가 많았습니다. 그러나 최근에는 이를 개선해 동굴이나 터널처럼 다양한 형태로 제작함으로써 야생 동물이 최대한 편안하고 자연스럽게 이용할 수 있도록 돕고 있습니다.

그렇다면 야생 동물은 실제로 얼마나 생태 통로를 이용하고 있을까요? 2014년 생태 통로를 처음 설치한 이후부터 현재까지 평균 이용률이 2.5배 정도 증가한 것으로 확인됐는데요. 개체 수가 많은 야생 동물은 물론 멸종 위기 동물도 생태 통로를 이용하고 있습니다. 이는 생태 통로가 야생 동물에게 안전한 이동 수단이 되고 있다는 것을 보여 주는 결과라고 할 수 있습니다.

앞으로도 생태 통로가 야생 동물의 생명을 보호하는 역할을 제대로 수행하려면 어떻게 해야 할까요? 단순히 설치하는 데에만 그치지 말고 동물들이 잘 이용하고 있는지 지속적으로 살피는 등 시설을 유지하고 관리하는 데도 신경을 써야겠습니다. 이러한 노력을 통해 동물 교통사고가 완전히 사라지기를 바라봅니다. 지금까지 KM 뉴스, 김지영이었습니다.

♬ 09-2

기 자 요즘 식물을 키우는 젊은 층이 크게 늘었는데요. 오늘은 '식물사랑협회' 이진성 대표님을 모시고 식물과 관련된 궁금증을 풀어 보는 시간을 가져 보겠습니다. 대표님, 안녕하세요?

대 표 네, 안녕하세요. 이진성 대표입니다.

기 자 대표님, 최근 식물 키우기와 관련해서 '반려 식물', '식집사'같이 다양한 신조어가 유행하고 있습니다. 대표님도 들어 보셨지요?

대 표 네. 반려 식물은 반려동물과 비슷한 의미로, 식물을 키우는 행위가 사람에게 정서적인 위안을 준다고 해서 생겨난 표현입니다. 식집사는 '식물'과 '집사'의 합성어로 식물을 주인처럼 모시고 키우는, 다시 말하면 '식물을 애지중지 키우는 사람'을 뜻하고요. 중년층의 취미 생활로만 여겨지던 식물 키우는 문화가 젊은 층 사이에서도 인기를 끌면서 재미있는 신조어가 등장하게 된 거죠.

기 자 과연 어떤 매력이 있길래 이렇게 인기를 끌게 된 걸까요?

대 표 식물을 키우는 것은 여러 이점이 있습니다. 우선, 식물의 공기 정화 기능 덕분에 실내 환경을 깨끗하게 유지할 수 있습니다. 또 다른 장점은 식물과의 정서적인 유대감을 통해 스트레스를 해소할 수 있다는 점입니다. 식물을 바라보기만 해도 마음이 안정되고 긴장이 풀리는 효과를 얻을 수 있죠. 이것은 식물이 가지고 있는 색깔 때문인데요. 녹색은 사람을 안락하고 편안하게 만들어 뇌 기능을 향상시키는 데 도움을 준다고 합니다. 그래서 사무실이나 학습 공간에 식물을 배치하면 집중력과 창의력 향상에 좋습니다.

기 자 대표님 말씀을 들으니까 저도 이번 기회에 키워 보고 싶다는 생각이 드는데요. 식물을 구입하기에 앞서 고려해야 할 게 있을까요?

대 표 먼저 식물을 우리 집 어디에 두고 키우는 게 좋을지를 정해야 합니다. 창가 근처에 둔다면 남향인지 북향인지를 알아보는 게 중요하고요. 식물을 두는 장소에 따라 들어오는 햇빛의 양이 달라지기 때문에 그에 맞게 식물의 종류도 다르게 선택해야겠지요.

기 자 그렇군요. 햇빛이 잘 들지 않는 곳에서는 어떤 식물을 키우는 게 좋을까요?

대 표 빛에 민감하지 않은 식물이 좋은데요. 화려한 잎사귀가 눈에 띄는 '몬스테라'라는 식물을 추천합니다. 몬스테라는 원래 열대 우림 지역의 키 큰 나무들 아래에서 자라던 식물이라 강한 햇빛을 별로 좋아하지 않거든요. 그밖에 '스투키, 산세베리아, 스킨답서스' 등도 좋습니다. 집안 공기를 정화시켜 주지요.

기 자 지금까지 이진성 대표님과 식물 키우는 것에 대해 자세히 알아봤습니다. 저희 구독자분들께 정말 유익한 시간이 된 것 같습니다. 귀중한 시간 내 주셔서 다시 한번 감사드리며 인터뷰 마치겠습니다.

10 생각과 가치관

♬ 10-1

안녕하십니까? 저는 경영학과 3학년에 재학 중인 바트라고 합니다. 저는 오늘 '한국의 눈치 문화'라는 주제로 발표를 준비했습니다.

여러분 모두 '눈치'라는 말을 들어 본 적이 있으시

죠? 저도 한국에서 생활하면서 많이 들었는데요. 정말 한국 사람들이 눈치를 중요하게 생각하는지, 눈치 문화에는 어떤 점이 좋고 어떤 점이 나쁜지 등이 궁금했습니다. 그래서 눈치 문화와 관련된 자료들을 좀 찾아봤고, 그중에서 제가 흥미롭다고 생각한 부분을 중심으로 발표를 준비했습니다.

첫 번째로 눈치에 관한 한국 사람들의 생각을 알아본 설문 조사가 있어서 말씀드리고 싶습니다. 한 연구소에서 직장인을 대상으로, '함께 일하고 싶은 동료와 신입 사원'에 대해 조사했는데 결과가 재미있었습니다. 아, 이 조사는 복수 응답을 허용했으니 참고 바랍니다.

조사 결과를 보면, '함께 일하고 싶은 동료 유형'으로는 '예의가 바른 사람'이 56%로 1위를 차지했고, '눈치가 빠른 사람'이 54%로 2위였습니다. 두 응답의 비율 차이는 크지 않았습니다. 한편, '함께 일하고 싶은 신입 사원' 유형에 대해서는 '눈치가 빠른 사람'이 67%로 1위, '예의가 바른 사람'이 63%로 2위였습니다. 저는 이 조사 결과를 통해 한국에서 직장 생활을 잘하려면 눈치와 예의를 갖추는 것이 중요하다는 것을 알게 되었습니다.

다음으로는 눈치 문화의 긍정적인 측면에 대해 발표하겠습니다. 이 부분은 제가 얼마 전에 읽은 '성공을 부른 눈치, 한국인의 숨은 힘'이라는 책을 소개하면서 말씀드리겠습니다. 이 책에서는 다른 나라에 가서 성공한 한국인들의 이야기가 담겨 있는데요. 저자는 해외에서 성공한 한국인을 분석한 결과, 그 성공이 한국인 고유의 눈치 덕분이라는 것을 알게 되었다고 합니다. 즉, 언어가 잘 통하지 않더라도 빠르게 상황을 파악하고 눈치껏 행동해서 현지 적응에 성공할 수 있었다고 말하고 있습니다.

이 책에서 언급한 바와 같이 눈치는 한국인의 성공에 큰 영향을 미치고 있는데요. 그렇지만 눈치 문화에는 단점 또한 존재하고 있습니다. 이어서 눈치 문화의 부정적인 측면에 대해서도 말씀드리겠습니다.

♬ 10-2

사회자 지금부터 '성별에 따른 고정 관념과 편견'이라는 주제로 이야기 나눠 보겠습니다. 이 자리에 안나, 준, 수지 씨 오셨는데요. 우선 살면서 차별이나 편견을 느낀 적이 있었는지 안나 씨부터 이야기해 볼까요?

안 나 전 어렸을 때부터 부모님한테 '여자는 이래야 한다.', '저래서는 안 된다.'라는 말을 많이 들으며 자랐어요. 오빠한테는 그런 말씀을 안 하셨거든요. 전 그게 항상 불만이었어요.

준 우리 나라에서도 아직 남자와 여자가 해야 하는 일을 구분하는 경우가 많아요. 예를 들어 밖에서 일하는 것은 남자의 역할, 아이를 돌보는 것은 여자의 역할이라고 생각하는 거죠. 그래서 여자에게 아이를 낳고 기르는 것이 중요하다는 고정 관념을 알게 모르게 주입하는 경향이 있어요.

사회자 수지 씨도 두 분의 의견에 동의하시나요?

수 지 제 의견은 조금 다릅니다. 두 사람은 지금 남자와 여자를 다르게 대하는 것이 문제라고 하셨는데요. 사실 남녀는 선천적으로 차이가 있잖아요. 보통 남자가 신체 능력이 좋고 여자는 공감 능력이 뛰어나죠. 다른 걸 다르다고 한 건데 이걸 고정 관념이라고 보기는 어렵지 않을까요?

사회자 이 의견에는 어떻게 생각하세요?

안 나 저 또한 수지 씨 말대로 여성과 남성은 생물학적으로 차이가 있다고 생각합니다. 평균적으로 여성보다 남성이 힘이 센 것도 사실이죠. 그러나 그 말이 맞는다고 할지라도, 남자가 활동적이며 여자가 꼼꼼하다는 식으로 성격이나 능력까지 단정 짓는 것은 위험하다고 생각해요. 저는 남녀 차이보다 개인 차이가 훨씬 더 크다고 생각하거든요.

준 저도 그렇게 생각해요. 남자와 여자를 구분하는 것은 성에 대한 차별을 불러일으킬 수 있어서 위험하다고 생각해요. 많은 나라에 아직도 여자가 어느 지위 이상 올라가지 못하는 '유리 천장'이 존재하고 있잖아요. 사람들이 남자의 능력을 여자보다 높이 평가해서 그런 거 아닐까요?

사회자 준 씨가 직장 내 불평등을 언급했는데, 이 의견에 대해 수지 씨는 어떻게 생각하세요?

수 지 음……. 제 생각에는요. 예전에는 확실히 유리 천장이 존재했다고 봐요. 그런데 요즘엔 남녀 차별이 거의 없어졌고 심지어 여성이 남성보다 사회적 지위가 높은 나라도 많은 것 같아요.

준 그 부분에 대해 말씀드리고 싶은 게 있어요. 저도 처음에는 수지 씨하고 비슷하게 생각했는데 자료를 찾아보면서 생각이 좀 달라졌어요. 제가 가지고 온 조사에 따르면 여성들이 특정 직종에서 일할 수 없다는 법이 아직도 백네 개 나라에 존재한다고 해요. 그리고 스물아홉 개 나라에는 여성이 일할 수 있는 시간을 제한하는 법도 있대요.

사회자 여성의 직업 선택과 일하는 시간을 제한하는 법이 있는 거군요. 혹시 다른 자료를 찾아온 사람도 있나요? 안나 씨?

안 나 저는 여성의 일상생활을 제한하는 법에 대해 좀 알아봤는데요. 여성의 외출 조건을 제한하는 나라가 아직도 열일곱 국가나 있대요. 결론적으로 남녀 모두에게 동등한 법적 권리를 보장하는 나라는 전 세계에서 여섯 나라 정도밖에 없다고 해서 놀랐어요.

사회자 진짜 놀랍네요. 수지 씨도 혹시 조사해 온 자료가 있나요?

11 과학과 생활

♬ 11-1

멀리 여행을 갈 때 우리는 비행기로 이동하죠. 여러분은 비행기의 모습에서 무엇이 연상되십니까? 그렇죠. 비행기는 새의 모양과 날개를 모방해서 만들었습니다. 비행기 외에도 가시철망, 수영 핀, 흡착기 등 우리 주위에서 쉽게 볼 수 있는 생활용품은 모두 동물이나 식물의 형태와 특징을 보고 만든 것입니다. 이처럼 우리가 편리하게 사용하고 있는 여러 발명품은 자연을 관찰하면서 얻은 아이디어로부터 시작된 경우가 많습니다.

지금 보시는 가시철망은 어느 양치기 소년에 의해 발명되었다고 합니다. 그 소년이 돌보던 양들이 종종 울타리를 넘어가 이웃의 밭을 엉망으로 만들었습니다. 이에 이웃집 사람은 양치기 소년을 찾아와 불만을 이야기했습니다. 고민하던 양치기 소년은 양들을 유심히 관찰했고, 그 결과 양들이 장미 넝쿨이 있는 쪽으로는 가지 않는다는 사실을 발견했습니다. 그래서 그 소년은 장미의 가시를 모방하여 철망을 만들었다고 합니다. 바로 그것이 지금의 가시철망입니다.

수영할 때 속도를 내기 위해 사용하는 이 핀에 대한 이야기도 흥미롭습니다. 여기 있는 오리와 개구리를 한번 관찰해 볼까요? 오리와 개구리의 공통점은 모두 발가락 사이에 물갈퀴가 있다는 것입니다. 이것으로 물을 힘차게 밀면서 앞으로 나가는데요. 다시 말해 물을 미는 면적을 넓혀 추진력을 높이는 거죠. 그래서 이 물갈퀴를 보고 잠수나 수영을 할 때 사용하는 지금의 '핀'이 만들어졌습니다. 그 모양 때문에 한국에서는 이것을 '오리발'이라고 부릅니다.

이 밖에도 문어의 빨판을 보고 만든 흡착기, 벌의 침을 보고 만든 주삿바늘, 치타의 발을 보고 만든 달리기용 신발 등은 모두 이런 과정을 통해 만들어진 발명품입니다. 우리가 자연으로부터 배울 것은 아직도 많습니다. 호기심과 관심을 갖고 자연을 자세히 관찰해 보세요. 유용한 아이디어는 바로 그 속에 있습니다.

♬ 11-2

앵 커 시청자 여러분, 안녕하십니까? 아시다시피 얼마 전 누리호가 우주를 향해 힘찬 항해를 시작했는데요. 그래서 오늘은 누리호 제작에 참여한 조규환 박사님을 모시고 한국의 우주 과학의 현재와 미래에 대해 알아보는 시간을 준비했습니다. 박사님, 안녕하세요? 시청자분들께 인사 부탁드립니다.

연구원 안녕하십니까? 초대해 주셔서 감사합니다.

앵 커 먼저 누리호의 발사 성공을 진심으로 축하드립니다. 누리호, 이름은 많이 들었지만 정확하게 모르시는 분들이 많을 것 같은데요. 저 같은 일반인도 쉽게 이해할 수 있도록 간단하게 설명해 주시죠.

연구원 누리호에 대해 설명하려면 먼저 '나로호'에 대해 말씀드릴 필요가 있는데요. 나로호는 한국 최초의 우주 발사체로, 지난 2013년 1월 30일에 발사에 성공했습니다. 그 이후 8년 만에 이번 누리호 발사가 이루어진 겁니다. 누리호는 한국 우주 과학 분야에서 가지는 의미가 특별합니다. 왜냐하면 순수 한국 기술로 만든 엔진을 장착한 최초의 발사체이기 때문입니다. 나로호는 타 국가의 엔진을 사용했거든요. 그동안 1톤 이상의 위성을 발사할 수 있는 엔진 기술은 러시아, 미국, 프랑스, 중국, 일본, 인도 등 여섯 개 국가만이 가지고 있었습니다. 그런데 이번 성공으로 한국이 일곱 번째 나라가 되었습니다. 이는 우주 과학 분야에서 한국의 기술이 국제적인 수준에 도달했다는 것을 보여 주는 결과입니다.

앵 커 한국의 우주 과학 기술이 선진국 대열에 들어선 것 같습니다. 이번 누리호의 성공으로 어린 학생들이 우주 과학에 관심을 많이 보이고 있는데요. 박사님께서는 어떤 계기로 우주 과학에 관심을 가지게 되신 건가요?

연구원 제가 다섯 살 때였어요. 사람이 처음으로 달에 착륙하는 모습을 TV에서 생중계한다기에 늦은 밤까지 두 눈을 비비며 기다렸습니다. 방송에서 닐 암스트롱이 달에 깃발을 꽂던 순간이 아직도 생생합니다. 정말 인상적이었습니다. 그 이후부터 우주에 대한 궁금증을 갖게 되었고, 이러한 호기심이 지금까지 이어진 것 같습니다.

앵 커 누리호 발사에 성공한 지금, 제작에 참여한 연구원으로서 한국 우주 과학의 미래를 어떻게 보십니까?

연구원 이번 발사 성공은 시작에 불과합니다. 머지않아 6G 네트워크와 같은 통신 분야는 물론 유인 탐사선, 심지어 우주여행까지 혁신적인 성과들을 보시게 될 겁니다. 국민 여러분께서도 관심 있게 지켜봐 주시기 바랍니다.

앵 커 열정적인 인터뷰에 감사드립니다. 누리호는 대한민국 국민들 모두의 가슴을 뛰게 한 주인공입니다. 많은 연구진의 끊임없는 노력이 있었기에 이 성공이 가능했다고 생각합니다. 앞으로도 한국의 우주 과학이 지속적으로 발전하려면 국민들의 지지와 격려가 뒷받침되어야 할 것입니다. 오늘 인터뷰에 응해 주신 조규환 박사님, 감사드립니다.

12 시대와 인물

♬ 12-1

앵 커 여러분은 생활하면서 궁금하거나 불편한 것이 있을 때 어떻게 하시나요? 서울 시민들은 이때 120 번호로 전화를 한다고 합니다. 그래서 오늘은 '120다산콜' 서비스에 대해 알아보도록 하겠습니다. 안녕하세요?

이남호 안녕하세요. 120다산콜재단의 홍보를 맡고 있는 이남호입니다. 반갑습니다.

앵 커 팀장님, 우선 재단에 대해 간단히 소개 부탁드립니다.

이남호 저희 재단은 2007년 120다산콜 서비스를 시작한 이래 지금까지 하루도 빠짐없이 서울 시민의 상담과 민원 접수를 담당하고 있습니다. 전화, 챗봇, 다국어 지원 등 여러 방법을 통해 하루 평균 2만 건의 상담을 제공하면서 '공공 콜센터' 하면 가장 먼저 떠오르는 곳이 되었습니다.

앵 커 한마디로 서울 시민의 해결사이자 소통을 위한 전문 기관이라고 할 수 있겠네요. 그런데 어떤 계기로 이 서비스를 시작하게 되었나요?

이남호 생활하다 보면 한번쯤 국가 행정에 대해 궁금하거나 개선을 요구하고 싶을 때가 있잖아요. 그런데 민원을 제기하고 싶어도 어디로 문의해야 하는지 몰라 답답했거나, 막상 전화가 연결돼도 담당 업무가 아니라며 전화를 돌려 짜증스러웠던 경험이 있을 겁니다. 그래서 2007년에 서울시 민원을 전화 한 통으로 해결한다는 목표 아래

120다산콜 서비스를 만들었습니다. 120 번호만 기억하면 서울시와 관련된 모든 궁금증과 불편 사항을 해결할 수 있게 된 거죠.

앵 커 번호를 120으로 정한 이유가 있을까요?

이남호 120에는 재단의 목표가 담겨 있습니다. 숫자 '1'은 오직 시민의 행복만을 위해, '2'는 두 배의 노력으로 두 배의 감동을, '0'은 시민의 불편이 없어질 때까지 힘쓰겠다는 것을 의미합니다.

앵 커 번호에도 깊은 뜻이 있었네요. 그럼 이름에 들어간 '다산'에도 의미가 있을 것 같은데, 혹시 조선 시대의 학자 정약용 선생님과 관련이 있나요?

이남호 네. 예상하신 대로 다산은 정약용 선생님의 호입니다. 그분의 청렴과 창의력, 위민 정신을 본받아 서울 시민들의 행복을 위해 최선을 다하겠다는 의지를 다산이라는 이름에 담은 것입니다.

앵 커 그럼 잠시 광고 듣고 나서 다산 선생님의 정신에 대해 더 이야기 나누도록 하겠습니다.

♬ 12-2

여러분 안녕하십니까? 추운 겨울을 뒤로하고 어느새 꽃향기가 진해지는 계절이 되었습니다. 희망의 기운이 가득한 시기에 제20회 '자랑스러운 시민상'을 수여하는 뜻깊은 자리에서 축하 인사를 드리게 되어 매우 영광스럽습니다. 19년 전 처음 상을 수여한 이래 자랑스러운 시민상은 올해로 20회가 되었습니다. 그리고 우리 지역의 가장 권위 있는 상으로 자리 잡았습니다. 이 상을 제정할 때 참여했던 한 사람으로서 감회가 새롭습니다.

원래 이 상은 선행이나 효행으로 다른 사람의 모범이 되는 시민을 찾아 상을 수여함으로써 그 행동을 칭찬하고 널리 알리기 위해 제정되었습니다. 그러나 지금은 지역 개발이나 봉사, 나눔 활동 등을 통해 우리 지역의 발전과 이웃을 위해 애쓰는 개인이나 단체로까지 그 범위가 확대되었습니다.

이웃과의 소통이 줄고 지역 구성원으로서의 공감대가 약해지는 현실 속에서, 자랑스러운 시민상은 함께 살아가는 데 필요한 도덕적 기준을 우리에게 제시해 주고 있습니다. 더불어 이타적인 행동이 지역 곳곳에 퍼져 나갈 수 있도록 사회의 빛과 같은 역할도 하고 있습니다. 저는 이 상을 받는 분들이 우리 지역을 아름답게 만드는 진정한 영웅이라고 생각합니다. 이런 분들과 한 지역에 산다는 것만으로도 우리 지역에 대한 자부심이 높아지는 걸 느낍니다.

앞으로도 우리 지역을 위해 묵묵히 활동하고 있는 숨은 영웅을 찾아 감사와 격려를 전할 수 있기를 바랍니다. 다시 한번 자랑스러운 시민상을 수상하시는 모든 분들께 축하 말씀을 전합니다. 오늘 이 자리가 모두에게 의미 있는 시간이 되기를 바라며 축사를 마치겠습니다. 감사합니다.

♬ 12-3

우리 지역을 위해 애쓰시는 분들이 많은데 부족한 제가 자랑스러운 시민상을 받게 되어 부끄러울 따름입니다. 앞으로도 힘내라는 격려이자 더 열심히 노력하라는 의미로 감사히 받아들이겠습니다.

제가 작은 나눔이라도 실천하게 된 것은 부모님의 영향이 큽니다. 제 부모님께서는 넉넉하지 않은 형편에서도 어려운 이웃에게 작은 것이라도 베풀고자 노력하셨습니다. 이 상을 통해 부모님께 자랑스러운 모습을 보여 드리게 된 것 같아 정말 기쁩니다.

나눔이나 봉사는 혼자가 아니라 함께할 때 의미가 더 커집니다. 아프리카 속담에 '빨리 가려면 혼자서 가고 멀리 가려면 함께 가라.'라는 말이 있습니다. 그간 많은 분들이 함께해 주셨기에 지금의 제가 있다고 생각합니다. 그분들께도 감사 인사를 드립니다.

마지막으로 아까 축사에서 수상자들에게 진정한 영웅이라고 말씀해 주셨는데, 저는 이웃을 생각하고 더불어 살고자 노력하는 분들 모두가 영웅이라고 생각합니다. 다른 사람을 위해 자리를 양보하는 영웅, 거리에 쌓인 눈을 묵묵히 치우는 영웅 등 곳곳에 수많은 영웅이 존재하기에 우리 지역이 더욱 살기 좋은 곳이 되는 것 같습니다. 앞으로도 지역에 보탬이 될 수 있도록 나눔과 봉사 활동에 더욱 열심히 임하겠습니다. 큰 상을 주셔서 진심으로 감사드립니다.

13
경제생활

13-1

기 자 지속적인 경기 침체로 인해 소비 심리가 크게 위축되면서 지출을 극단적으로 줄이는, 이른바 '짠테크'가 다시 유행하고 있습니다.

높은 물가 때문에 상품 구매를 망설이는 소비자들을 겨냥하여, 한 대형 마트에서는 지난달 한 마리에 9,900원짜리 초저가 치킨을 선보였습니다. 30,000원 가까이 되는 기존 치킨에 비해 절반 이상 싼 가격입니다. '반값 치킨'이라는 이름이 붙은 이 치킨은 출시 한 달 만에 30만 마리가 팔렸습니다. 1분에 일곱 마리 정도 팔린 셈입니다. 이 마트는 반값 치킨에 이어 9,900원짜리 피자도 출시할 예정입니다.

손 님 9,900원짜리 치킨이라니 너무 좋아요. 싼 게 비지떡이라고 해서 별 기대 안 했는데 먹어 보니 맛도 좋더라고요. 요즘 사람들이 싸다고 무조건 사 먹진 않잖아요. 요즘같이 뭘 사기가 무서운 고물가 시대엔 반값 치킨이 딱이죠.

기 자 초저가 제품들은 기존 상품과 비교했을 때 30%에서 많게는 70%까지 가격이 저렴합니다. 이 대형 마트에서는 초저가를 내세운 상품의 매출이 지난해보다 세 배 가까이 늘어났다며, 앞으로도 가성비가 높은 저가 제품의 판매를 늘릴 계획이라고 밝혔습니다.

직 원 물가가 오르면서 보다 저렴한 제품을 찾는 고객이 늘고 있어서, 저희 마트에서도 소비자 요구에 맞춰 초저가 상품의 생산을 늘리고 품목도 확대하려고 준비 중에 있습니다.

기 자 초저가 제품을 찾는 경향은 경기 침체와 맞물려 장기간 지속될 것으로 보입니다. 사람들의 지갑을 여는 것이 나날이 어려워지는 상황에서 매출을 끌어올리려는 업계의 노력이 이어지고 있습니다. KMU 뉴스 이남규입니다.

♬ 13-2

남자 1 저는 합리적으로 소비하기 위해 주로 중고 거래를 이용합니다. 중고라고 하면 사용했던 것이라는 생각 때문에 거부감이 들 수도 있는데, 요즘에는 새 제품 못지않게 상태가 좋은 물건이 많습니다. 낡아서 파는 게 아니라 필요하지 않아서 내놓기 때문입니다. 중고라고 해도 좋은 물건은 내놓기가 무섭게 팔립니다.

무엇보다 이 방법의 좋은 점은 물건을 재활용한다는 것입니다. 환경 문제가 심각한 요즘, 중고 거래는 원하는 물건을 저렴하게 살 수 있는 데다가 환경 보호에도 도움이 되니까 가격과 환경, 두 마리 토끼를 다 잡는 거라고 할 수 있지요.

여자 1 저는 요즘 공동 구매를 통해 물건을 구입하고 있습니다. 제 전공이 미술이다 보니 다양한 그림 재료가 필요한데 개인적으로 사면 가격이 만만찮더라고요. 그래서 친구들을 모아 미술 용품을 대량으로 구매했더니 할인이 많이 돼서 돈을 절약할 수 있었습니다.

이 방법은 인원이 모일수록 저렴해지기 때문에 인터넷 안에서 공동 구매를 하는 경우도 늘고 있습니다. 그런데 가끔은 가격이 싸다 보니까 물건을 더 사게 되는 경향이 있더라고요. 이 부분만 조심하면 공동 구매는 확실히 돈을 아끼는 방법 같아요.

남자 2 합리적인 소비를 위해 제가 선택한 방법은 물건을 공유하는 겁니다. 도서관에서 책을 빌리듯이 필요한 물건을 빌리는 거라고 보시면 돼요. 앞에서 말씀하신 중고 거래나 공동 구매가 물건을 사서 개인이 소유하는 거라면, 공유 경제는 물건을 사지 않고 원하는 분들과 같이 이용하는 거예요.

처음에는 분명히 필요해서 구매했는데 나중에는 공간만 차지하는 물건들이 많잖아요. 그래서 저는 물건이 필요할 때마다 빌려 쓰고 있습니다. 특히 활용도가 낮은 물건이 필요할 때 이 방법이 효과적이에요. 지금은 자동차나 방까지 빌리는 등 상품의 범위도 다양해졌습니다. 거리에서 흔히 볼 수 있는 공용 자전거도 이와 같은 거고요.

여자 2 제가 요즘 선택한 소비 방법은 구독 서비스입니다. 어렸을 때 집 앞으로 우유나 신문을 배달 받은 적 있으시죠? 구독은 1개월이나 3개월, 1년 등 기간을 정해 놓고 정기적으로 결제를 하며 서비스를 즐기는 것입니다. OTT나 음악 서비스를 떠올리면 이해가 쉬울 거예요. 정기 구독을 하면 가격이 저렴해질 뿐만 아니라 매번 결제할 필요가 없기 때문에 편해요. 저는 반복적으로 필요한 식료품이나 꽃 등을 구독하고 있습니다.

사실 구독은 예전부터 있었던 방법이지만, 인터넷이 발달하면서 최근에는 그 활용 범위가 넓어지고 있어요. 제가 선호하는 상품과 서비스를 빅데이터로 분석해 맞춤형 서비스까지 해 주니까 물건을 고르기 위해 걸리는 시간이 절약돼서 너무 좋아요.

14 문화와 예술

♬ 14-1

앵 커 최근 들어 전 세계적으로 한국 음식, 이른바 '케이 푸드'의 인기가 엄청난데요. 우리가 평상시 즐겨 먹는 김밥 같은 음식이 인기를 끌면서 케이 푸드 수출액이 역대 최고 기록을 세웠습니다. 전문가들은 한국 영화나 드라마와 같은 콘텐츠가 세계인의 사랑을 받으며, 한국 음식에 대한 관심이 커졌기 때문으로 분석하고 있습니다. 김설희 기자가 전합니다.

기 자 최근 미국에서 판매 대란을 일으켰던 냉동 김밥입니다. 입소문을 타고 순식간에 팔리면서 품절 사태가 발생하기도 했습니다. 이런 인기에 힘입어 김밥을 포함한 볶음밥이나 즉석밥 등 쌀 가공식품은 지난해 같은 기간보다 40%가량 오른 1억 3천6백만 달러가 수출되었습니다. 케이 푸드 수출액 중 가장 높은 증가세입니다. 현재 쌀 가공식품의 절반 이상이 미국으로 수출되고 있으며 호주, 중국이 그 뒤를 잇고 있습니다

해외 시장에서 한국 라면 역시 인기가 뜨겁습니다. 라면은 케이 푸드 중 가장 많이 수출된 품목으로, 올해 상반기 수출액이 전년 대비 30% 넘게 늘어 6억 달러에 달했습니다. 김 수출도 고공 행진 중입니다. 김 수출액 역시 지난해 같은 기간보다 20%나 증가해 최고 수출액을 달성했습니다.

주목할 만한 점은 수출액 증가뿐 아니라 수출 지역의 다변화입니다. 쌀 가공식품은 올해 90여 개국에 수출됐으며, 김 또한 124개국으로 지난해보다 두 배 정도 수출 지역이 늘었습니다. 그동안 아시아 지역에 그쳤던 케이 푸드 판매가 최근 북미와 유럽 지역으로까지 확대되고 있습니다. 한국 정부도 이 열풍을 이어가기 위해 다양한 정책을 모색 중입니다.

정책관 이번 케이 푸드 열풍을 한식의 세계화를 위한 기회로 적극 활용할 계획입니다. 현지인들의 입맛을 사로잡는 현지화 전략을 통해 반짝 인기가 아닌 하나의 문화 현상으로 자리 잡게 하는 것이 무엇보다 중요하다고 봅니다. 이를 위해 정부는 기업과 손잡고 최선의 노력을 다하겠습니다.

기 자 뜨겁게 불어온 케이 푸드에 대한 열풍. 한국에 대한 관심을 한식을 통해 오감으로 즐기고 있는 미국 뉴욕에서, KMU 뉴스 김설희 기자였습니다.

♬ 14-2

진행자 한때 미술관 그림이나 클래식 음악만이 예술이라고 생각하던 시기가 있었죠. 그런데 요즘엔 일상에서 즐겨 듣는 케이팝이나 비디오 전시도 모두 예술로 불리고 있습니다. 우리 가까이에 이미 예술이 다가와 있는 거죠. 그래서 오늘은 '일상예술센터'의 이수미 대표님을 모시고 생활 속 예술 활동에 대해 이야기 나눠 보도록 하겠습니다. 대표님, 안녕하세요?

이수미 안녕하세요?

진행자 요즘 센터에서 '삶 속에서 예술을 시작하자'라는 프로젝트를 진행 중이신데, 어떤 내용인지 소개 부탁드립니다.

이수미 네. 이번 프로젝트는 일상에서의 작은 시도를 통해 누구나 쉽게 예술을 즐길 수 있도록 기획되었습니다. 크게 감상 활동과 창작 활동으로 나뉘는데요. 감상 활동에서는 어렵게만 느껴졌던 순수 예술을 친숙하게 경험할 수 있도록 돕고 있습니다. 여러 프로그램 중에서도 '오페라야 놀자'와 '골동품 투어'가 시민들에게 인기가 좋습니다.

진행자 정말 재미있겠네요. 그럼 아까 말씀하신 창작 활동에는 어떤 프로그램이 있습니까?

이수미 '일상 소리로 음악 만들기'가 있습니다. 가장 빨리 신청이 마감되는 프로그램이죠. 여기에서는 연필로 쓰는 소리, 물 흐르는 소리 등 주변에서 들을 수 있는 소리를 녹음한 뒤 여러 리듬을 활용해 자신만의 음악을 만듭니다. 이런 활동을 통해 '전문가만 작곡을 하는 게 아니라 나도 충분히 할 수 있구나.'와 같은 생각을 하게 되는 거죠.

진행자 흥미로운 활동들이 정말 많네요. 그럼에도 불구하고 아직까지 '예술은 어렵다.', '예술 활동을 하기에는 늦은 감이 있다.'라고 생각하는 사람들이 많을 거예요. 이런 분들에게 왜 예술 활동을 해야 하는지 한말씀 해 주신다면요?

이수미 그런 생각이 든다면 생각을 바꿔 보라고 이야기하고 싶어요. 예술 활동을 통해 자신을 표현하고 싶은 욕구를 충족할 수 있거든요. 표현하는 과정에서 내면을 들여다보고 자기 감정과 가치에 집중하면서, 스스로에 대한 이해를 높일 수 있습니다. 또한 예술 작품을 창작하면서 그동안 해 오던 방식이 아닌 새로운 방식으로 자신을 보여 주는 기회도 생기고요.

이때 새로운 시각과 경험을 얻게 되고 창의성도 발휘할 수 있습니다. 뿐만 아니라 작품을 완성하고 목표를 이뤄 가는 과정을 통해 자기 자신을 더 신뢰하게 되지요. 그래도 여전히 예술이 어렵다고 생각되신다면 집 근처 박물관이나 공연장에 산책 삼아 가는 것부터 시작해 보세요. 작품을 감상하고 느끼기만 해도 정서적 안정을 얻는 데 큰 도움이 되거든요.

진행자 이쯤 되면 예술 활동이 우리 삶에 정말 필요하다는 점에 이견을 표하는 사람은 없을 것 같습니다. 이와 같은 프로젝트가 더 활성화되어 예술을 향유하는 사람들이 많아지길 기대해 보겠습니다.

5-2 모범 답안

08 성격과 심리

8-1 나를 나타내는 성격

어휘와 표현 1

1. 1) 사교적　　2) 현실적　　3) 열정적
   4) 분석적　　5) 협조적　　6) 활동적

2.

	왼쪽	연결
1)	외향적	내향적
2)	계획적	즉흥적
3)	개방적	폐쇄적
4)	낙관적	비관적
5)	감정적	논리적

4. 1) ① 의지　② 결단력　③ 끈기　④ 리더십　⑤ 책임감

5. 1) 목표를 세우다 → 계획을 수립하다 →
   실천 방법을 모색하다 → 계획을 실천하다

듣기 1

듣기

1. 유형
2.

에너지 방향		인식 방식		결정 방식		생활 방식	
E	I	**S**	N	T	**F**	J	**P**
외향적	**내향적**	현실적	**미래 지향적**	논리적, **분석적**	감정적	계획적, **체계적**	즉흥적

3. ①, ③

읽기 1

읽기

1. 특징, 직업
2.

성격 타입	공통 자질	자질별 특징
분석가형	N, T	미래 지향적, 논리적
외교관형	N, F	미래 지향적, 감정적
관리자형	S, J	현실적, 계획적
탐험가형	S, P	현실적, 개방적

3.

인물	유형	직업
장설	ISTJ	공무원, 회계사, 법률가
바트	ESFP	배우, 가수, 연예 기획자
하니	ENTP	변호사, 연구원
알렉세이	INFJ	상담사, 작가

문법

문법 1　이자

2. 1) 보호자이자
   2) 권리이자
   3) 배우이자
   4) 처음이자
   5) 동료이자

3. 1) 첫사랑이자
   2) 영어를 가르치는 선생님이자
   3) 감성적인 존재이다
   4) 유명 관광지이다

문법 2　-는 경향이 있다

2. 1) 즐기는 경향이 있습니다
   2) 중시하는 경향이 있습니다
   3) 배려하지 못하는 경향이 있습니다
   4) 가지는 경향이 있습니다
   5) 따라 하는 경향이 있으니까

3. 1) 찾는 경향이 있다
   2) 외부 활동을 통해 에너지를 얻는 경향이 있다
   3) 심각해지는 경향이 있다
   4) 관련 경력을 중시하는 경향이 있다
   5) 건강을 우선시하는 경향이 있다

8-2 나를 존중하는 마음

어휘와 표현 2

1. 2) ① 넘치다　　② 낮다, 떨어지다　　③ 세다, 버리다

2.

상황	자존감이 높은 사람	자존감이 낮은 사람
자기 자신을 바라볼 때	자신의 가치를 인정하다	자신의 가치를 낮게 여기다
새로운 일을 해야 할 때	시도하다	망설이다
부정적 평가를 받았을 때	너그럽게 이해하다	상처를 받다

읽기 2

읽기

1. ②

2.

유형	특징
자존감이 높은 사람	자신의 가치를 인정하며 존중하려는 마음이 큼.
	새로운 시도를 두려워 하지 않음.
자존감이 낮은 사람	자신의 가치를 낮게 여김.
	새로운 일을 만나면 망설이거나 피하려고 함.

3. ①, ②, ③

듣기 2

듣기 2-1

1.

	토크 콘서트 내용
사연자	대학에 다니고 있는 20대 청년
고민 사연	낮은 자존감 때문에 고민이다.
궁금한 점	자존감을 높이는 방법

2. ①, ④

듣기 2-2

1. ③

2.

- 달성하기 쉬운 목표 세우기 — 매일 아침 우리 반 친구들에게 내가 먼저 인사해야지.
- 한 줄 칭찬 일기 쓰기 — 공원에 버려진 쓰레기를 주워서 휴지통에 버린 나, 정말 최고야.
- 나를 위한 소비하기 — 열심히 일했으니까 오랫동안 갖고 싶었던 운동화를 사야지.

3. 1) 거창한 목표를 세우면 실패하기 쉽기 때문이다.
   2) 자신의 강점과 좋은 경험을 되돌아보는 기회를 얻게 한다.
   3) 근사한 식당에서 식사를 하거나 평소 가지고 싶었던 물건을 구입하는 것이 있다.

문법

문법 3　-(으)려고 들다

2. 1) 속이려고 들면
   2) 피하려고 든다
   3) 먹으려고 들어서
   4) 물려고 들어서
   5) 외우려고 들면

3. 1) 싸우려고 들어서
   2) 끝내려고 들어서
   3) 말리려고(만) 든다
   4) 속이려고 들었지만

문법 4　-아/어 내다

2. 1) 만들어 냈다
   2) 참아 냈다
   3) 뜯어냈다
   4) 생각해 냈다
   5) 받아 냈다

3. 1) 한국 의학 센터에서 암이 발생되는 요인을 밝혀냈다.
   2) KM 연구팀에서 오랜 연구 끝에 노화 방지 화장품을 개발해 냈다.
   3) 드림 탐험대가 화산 폭발로 사라진 도시를 찾아냈다.
   4) 김민재 선수가 강한 의지와 끈기로 사고 후유증을 이겨 냈다.

활동

준비하기

1. ②, ③

활동하기

1. 1) 지구 온난화란 지구의 기온이 높아지는 현상을 일컫는다
   2) 과도한 스마트폰 사용은 대인 관계를 단절시킨다는 점에서 문제가 된다. 또한 스마트폰을 과도하게 사용하면 학업에 방해가 되기도 한다
   3) 저출산 문제를 해결하기 위해서는 국가에서 출산이나 양육 비용을 지원할 필요가 있다. 육아 휴직을 활성화하는 것도 하나의 방법이다

09 동물과 식물

9-1 동물과 인간의 공존

어휘와 표현 1

1. 2)

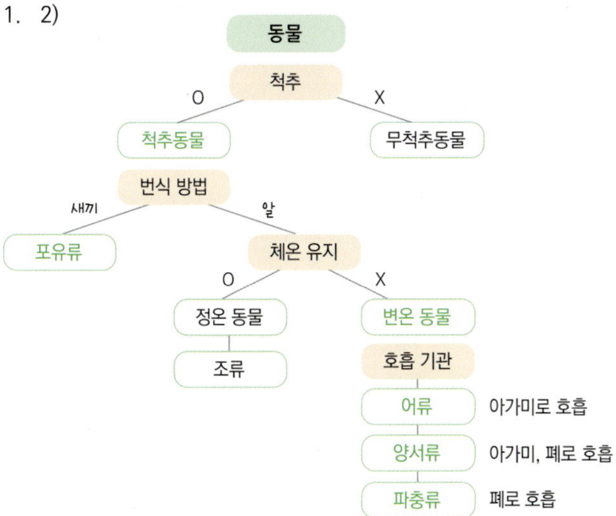

3) ① 고래(포유류), 펭귄(조류), 악어(파충류), 코끼리(포유류)
   ② 포유류
   ③ 박쥐(포유류), 오리너구리(포유류)

2. 1) ① 보호하다
   ② 멸종되다
   ③ 번식하다
   ④ 공존하다
   ⑤ 학대하다
   ⑥ 훈련하다

3. 1) ① 맹독성
   ② 야행성
   ③ 집단성
   ④ 야생성

듣기 1

듣기

1. 이용률
2.

> 1) 동물 교통사고 발생 시기
>   동물의 활동이 활발해지는 **봄**부터 **여름** 사이
> 2) 생태 통로의 정의
>   야생 동물이 **안전하게** 이동하도록 **인공적**으로 만든 구조물
> 3) 생태 통로의 이용률
>   평균 이용률이 **2.5**배 정도 **증가**하였다.

3. ①, ②, ④

읽기 1

읽기

1. 첫 번째 글: 동물원을 폐지해야 한다
   두 번째 글: 동물원을 유지해야 한다
2.

첫 번째 글의 근거	두 번째 글의 근거
동물 쇼의 많은 동물들은 **불안 장애**를 겪는다.	**멸종 위기**에 처한 야생 동물을 환경의 위협으로부터 보호한다.
동물원의 많은 체험 프로그램도 동물들에게는 **학대**가 될 수 있다.	인간과 동물의 관계성에 대해 이해하고 생명의 소중함과 **공존**에 대해서 배울 수 있다.

3. 1) 동물 쇼와 동물 체험 프로그램이 있다.
   2) 훈련을 위해 매질을 하거나 굶기고, 좁은 공간에 가두는 것 때문이다.
   3) 사불상과 판다이다.
   4) 동물원은 생태 교육의 장소가 될 수 있다.

문법

문법 1 -는 등

2. 1) 매일 꾸준히 운동하는 등
   2) 곳곳이 침수되는 등
   3) 뇌물을 주는 등
   4) 어학연수를 보내 주는 등

3. 1) 엘리베이터를 설치하는 등
   2) 거리에 쓰레기를 버리는 등
   3) 같은 가수를 좋아하는 등
   4) 말하기 대회를 개최하는 등

문법 2 -는/(으)ㄴ 탓에

2. 1) 경제가 안 좋은 탓에 요즘 취직하기가 매우 어렵습니다.
   2) 김 대리는 성격이 급한 탓에 업무에서 실수가 잦습니다.
   3) 야식을 자주 먹는 탓에 살이 많이 찌고 있습니다.
   4) 갑작스러운 폭우 탓에 야구 경기가 취소되었습니다.

3. 1) 음주 운전을 한 탓에
   2) 긴장한 탓에
   3) 실수를 한 탓에
   4) 건조한 탓에

9-2 신비한 식물의 세계

어휘와 표현 2

1. 1) 햇빛 2) 물/수분 3) 흙과 양분 4) 온도
2. 1) ① 잎 ② 꽃 ③ 열매 ④ 줄기 ⑤ 뿌리
   2)

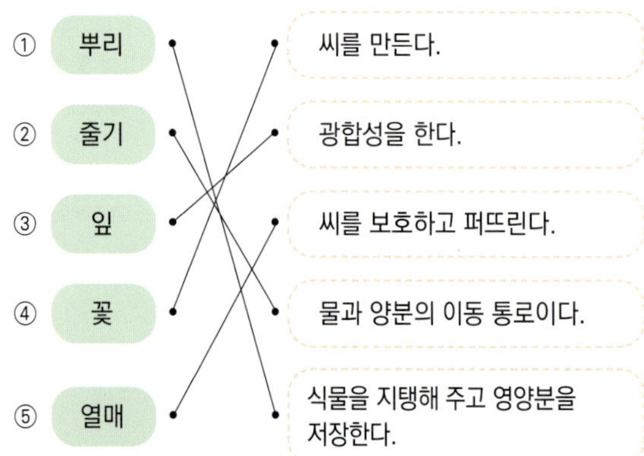

3. 1) ① 음이온을 발생시키다
   ② 이산화 탄소를 흡수하다
   ③ 공기를 정화하다
   ④ 산소를 공급하다
   ⑤ 오염 물질을 제거하다

읽기 2

읽기

1. 몬스테라, 산세베리아
2.

항목	몬스테라	산세베리아
이름	잎의 모양이 찢어진 형태라서 몬스테라라는 이름을 붙였다.	생명력이 강해서 '천년난'이라고도 불린다.
물 주기	흙의 표면이 완전히 말랐을 때 물을 준다.	보통 2개월에 한 번 물을 공급한다.
온도	열대 기후에서 살던 식물이라서 영하로 떨어지는 추운 날씨는 견디기 힘들다.	추위에 약해서 13℃ 이하의 온도는 피하는 것이 좋다.
햇빛	간접적인 햇빛을 선호하니까 직사광선을 피해야 한다.	강한 햇빛은 싫어하니까 남향의 창가에는 놓지 말아야 한다.

3. ①, ③

듣기 2

듣기

1. 식물
2.

신조어	의미
반려 식물	가까이 두고 키우며 정서적인 위안을 얻는 식물
식집사	식물을 애지중지 키우는 사람

3. 1) '식물'과 '집사'의 합성으로 만들어졌다.
   2) 젊은 층 사이에서 식물을 키우는 문화가 인기를 끌고 있기 때문이다.
   3) 녹색은 사람을 안락하고 편안하게 만들어 뇌 기능을 향상시킨다.
   4) 식물을 구입하기 전에 식물을 어디에 둘지 정해야 한다.
   5) 몬스테라와 스투키, 산세베리아, 스킨답서스 등이 있다.

문법

문법 3 -는

2. 1) 재미있답니다
   2) 걷는답니다
   3) 살았답니다
   4) 만들 수 있답니다

3. 1) 집을 사게 되었답니다
   2) 상을 받았답니다
   3) 식물이 잘 자란답니다
   4) 한 마을에 살았답니다

문법 4 -기에 앞서

2. 1) 일을 시작하기에 앞서 업무를 나누는 것이 필요합니다.
   2) 논문을 쓰기에 앞서 이 분야에 대한 연구를 찾아서 정리해야 합니다.
   3) 계약서에 서명하기에 앞서 서류를 꼼꼼하게 읽어 봐야 합니다.
   4) 국제 대회를 개최하기에 앞서 부족한 경기장 문제부터 해결해야 합니다.
   5) 신입 사원을 혼내기에 앞서 잘못한 이유를 정확하게 파악하는 것이 필요합니다.

3. 1) 손님들을 초대하기에 앞서
   2) 광고를 만들기에 앞서
   3) 회의를 시작하기에 앞서
   4) 발표하기에 앞서
   5) 안전벨트를 매 주시기 바랍니다
   6) 항공권부터 예매해야 합니다

10 생각과 가치관

10-1 한국인의 눈치 문화

어휘와 표현 1

1. 1) ① 눈치를 보다
      ② 눈치를 안 보다
      ③ 눈치가 있다
      ④ 눈치가 없다
      ⑤ 눈치가 빠르다
      ⑥ 눈치가 느리다
   3) ① 눈치가 느린 편이다
      ② 눈치를 주
      ③ 눈치를 챘어
      ④ 눈칫밥을 먹
      ⑤ 눈치껏 행동해
      ⑥ 눈치가 보인다

2. 1) ① 개념 ② 의식
      ③ 관점 ④ 의도

듣기 1

듣기

1. 1) 설문 조사 2) 긍정적인

2. (라) → (나) → (다) → (가)

3. ①, ④

읽기 1

준비하기

1.

대가족 제도	조부모와 부모, 자녀들이 함께 사는 가족 제도
비언어적 요소	사람들의 몸짓이나 표정, 분위기 등
고 맥락 문화	직접적인 말보다 이야기의 맥락이나 상황을 중시하는 문화

읽기

1. 장단점

2.

가	눈치의 정의
나	눈치 문화의 사회적 배경
다	눈치 문화의 긍정적인 면
라	눈치 문화의 부정적인 면

3. 1) '눈치가 빠르다', '눈치를 못 채다', '눈치껏 행동하다' 등이 있다.
   2) 다른 사람의 마음을 그때그때 상황으로 미루어 짐작하고 알아내는 것을 의미한다.
   3) 한국의 대가족 제도와 고 맥락 문화 때문에 눈치 문화가 발달하게 되었다.
   4) 표정이나 몸짓, 집안 분위기 등 비언어적 요소를 통해 어른들의 생각을 파악했다.
   5) 자신의 생각이나 의도를 직접적으로 표현하기보다 맥락과 상황을 통해 우회적으로 드러내는 것을 선호한다.

문법

문법 1 -는 바와 같이

2. 1) 앞에서 언급한 바와 같이 한국 사회는 급격히 변화하고 있습니다.
   2) 목차에서 밝힌 바와 같이 먼저 가족 문화의 차이에 대해 발표하겠습니다.
   3) 처음에 설명한 바와 같이 늦어지는 결혼은 출산율에 영향을 미치고 있습니다.
   4) 지금까지 살펴본 바와 같이 높임법이 발달했다는 것이 한국어의 가장 큰 특징입니다.

3. 설문 조사에 나타난 바와 같이 직장인들은 눈치가 빠른 신입 사원과 가장 일하고 싶다고 했습니다. 그리고 지금 보시는 바와 같이 예의 바른 신입 사원이 그 뒤를 이었습니다.

문법 2 -고도

2. 1) 자전거를 타고도
   2) 도움을 받지 않고도
   3) 안경을 쓰고도
   4) 슬픈 영화를 보고도
   5) 큰 실수를 하고도
   6) 거짓말임을 아시고도

3. 1) 5개나 먹고도 또 먹고 싶어
   2) 혼나고도 또 지각을 했어
   3) 그렇게 자고도 또 졸려

10-2 고정 관념과 편견

어휘와 표현 2

3. 1)

- 나이 – 노인들은 보통 보수적이고 잔소리가 많아.
- 성별 – 남자들은 수학에 재능이 있고 여자들은 언어에 재능이 있어.
- 직업 – 머리를 쓰는 일이 몸을 쓰는 일보다 가치가 있어.
- 장애 – 몸이 불편한 사람은 할 수 있는 일이 정해져 있어.
- 종교 – 특정한 신을 믿는 사람들은 위험하니까 조심해야 해.
- 지역 – 더운 곳에 사는 사람들은 게을러서 열심히 일을 안 해.
- 외모 – 예쁘고 잘생겨야 성공할 수 있어.
- 학벌 – 좋은 대학을 나왔다는 것은 성실하고 똑똑하다는 증거야.

읽기 2

읽기

1. 남자와 여자의 색

2.

	남자아이 옷 색깔	여자아이 옷 색깔
19세기 전	하얀색	하얀색
1918년 무렵	분홍색	파란색
1940년 이후	파란색	분홍색

3. ①, ②, ③, ⑤

듣기 2

듣기

2.

- 안나 – 우리 부모님은 아들과 딸을 다르게 대하셨다.
- 준 – 아직도 직장 내에 유리 천장이 존재하고 있다.
- 수지 – 남자와 여자의 능력은 선천적으로 다르다.

3. 1) 부모님이 여자인 안나 씨와 오빠를 대하는 태도가 달라서 불만이었다.
  2) 남자는 밖에서 일하고 여자는 아이를 돌봐야 한다는 고정 관념을 가지고 있다.
  3) 예전에는 유리 천장이 있었지만 요즘엔 거의 없어졌다고 생각한다.
  4) 준 씨는 여성의 직업 선택과 일하는 시간을 제한하는 법에 대해, 안나 씨는 일상 생활을 제한하는 법에 대해 조사했다.

문법

문법 3 에서 비롯되다

2. 1) 건강한 몸에서 비롯된다
  2) 지나친 입시 경쟁에서 비롯된다
  3) 동료를 배려하는 전통에서 비롯되었다
  4) 관심과 호기심에서 비롯된다고
  5) 살아온 경험의 차이에서 비롯되는

문법 4 -(으)ㄹ지라도

2. 1) 일부러 한 일이 아닐지라도 실수를 했으면 사과해야 합니다.
  2) 힘이 센 남자일지라도 밤에 혼자 다니는 것은 위험합니다.
  3) 훈련이 괴롭고 힘들지라도 포기하지 말고 끝까지 해내야 합니다.
  4) 죽음이 우리를 갈라 놓을지라도 당신을 사랑하는 마음은 변하지 않을 것입니다.
  5) 이 물건이 보잘것없어 보일지라도 선물이니까 함부로 버려서는 안 됩니다.
  6) 아무리 열심히 공연을 준비했을지라도 관객들의 평가가 좋지 않을 수 있습니다.

3. 1) 화를 내기보다는 설득하려고 노력하는 것이 좋다
  2) 화를 내거나 소리를 질러서는 안 된다
  3) 슬퍼하거나 노하지 말라
  4) 아무리 친한 사이일지라도
  5) 아무리 가깝다고 할지라도

11 과학과 생활

11-1 우리의 생활과 과학

어휘와 표현 1

1. 1)

① 인공 지능 (AI)

② 사물 인터넷

③ 생체 인식

④ 블록 체인 (Block chain)

⑤ 유전자 편집

사람의 인체를 인식하는 기술이다.
예) 모바일 뱅킹(mobile banking) 인증

인간의 지능을 모방한 컴퓨터 시스템이다.
예) 생성형 인공 지능(ChatGPT)

무선 통신을 통해 각종 사물을 연결하는 기술이다.
예) 스마트 홈(Smart home)

유전체 게놈(Genom)에서 인공적으로 특정 유전자를 편집하여 더하거나 빼거나 대체하는 기술이다.
예) 난치병 치료법

네트워크 내에서 정보를 투명하게 공유할 수 있도록 블록에 데이터를 저장하는 기술이다.
예) 암호 화폐에 적용된 보안 기술

2. 1)

긍정적	부정적
시스템을 최적화하다	일자리를 대체하다
상황을 예측하다	개인 정보가 유출되다
시간을 단축하다	윤리적 문제를 일으키다

3. 1) ① 호기심
  ② 모방
  ③ 개선
  ④ 특허
  ⑤ 상표

듣기 1

듣기

1. 모방

2.

1) 새의 모양과 날개	비행기
2) 장미의 가시	가시철망
3) 오리의 물갈퀴	수영 핀
4) 문어의 빨판	흡착기

3. ①, ②, ③

읽기 1

읽기

1. 인공 지능 기술
2.

ㄱ	똑똑해지는 가전제품
ㄴ	변화하는 자동차 기술
ㄷ	비서 역할을 하는 인공 지능

3. 1) 세탁기, 건조기, 식기세척기, 인공 지능 오븐 등이 있다.
   2) 자동차가 알아서 운전을 하고, 사용자의 편의에 맞게 시스템을 스스로 조절한다.
   3) 위성을 통해 도로 상황을 분석하여 주변 차들과 안전거리를 유지해 주기 때문이다.
   4) 사회적, 윤리적 측면에서 문제가 생길 수 있다.

문법

문법 1 외에

2. 1) 개구리 외에도
   2) 폐암 외에도
   3) 식당 외에도
   4) 독서실, 커피숍 등이 있다
   5) 성적, 학비 등을 고려해야 한다.

3. 1) 그는 국수 외에는 다른 음식은 먹지 않아요.
   2) 지금은 수술 외에는 다른 방법이 없어요.
   3) 민수는 여자 친구 외에는 다른 여자는 쳐다보지 않아요.
   4) 배가 고파서 먹을 것 외에는 다른 것은 눈에 보이지 않아요.
   5) 도서관이 너무 조용해서 글 쓰는 소리 외에는 다른 소리는 들리지 않아요.

문법 2 -다고 해도 과언이 아니다

2. 1) 저 가수보다 노래를 잘하는 사람은 없다고 해도 과언이 아니에요.
   2) 이번에 출시된 제품이 회사를 살렸다고 해도 과언이 아니에요.
   3) 그 과학자보다 똑똑한 사람은 없다고 해도 과언이 아니에요.
   4) 케이팝이 한국의 이미지를 바꾸어 놓았다고 해도 과언이 아니에요.

3. 1) 천재라고 해도 과언이 아니다
   2) 우주 과학에 대한 인식이 바뀌었다고 해도 과언이 아니다
   3) 한국에서 최고라고 해도 과언이 아니다
   4) 아이들에게 달려 있다고 해도 과언이 아니다

11-2 우주 과학 기술

어휘와 표현 2

1. 1) 태양계
   2) 은하계
   3) 우주선
   4) 우주 정거장
   5) 우주인

2. 1) ① 우주선을 개발하다
   ② 우주선을 발사하다
   ③ 궤도에 진입하다
   ④ 달/행성에 착륙하다
   ⑤ 우주를 탐사하다

3. 1) ① 원자력
   ② 압력
   ③ 중력

읽기 2

1. 우주 과학 기술

2.

1) 전자레인지	전자기파를 이용하여 음식을 조리한다.
2) 에어 운동화	공기층으로 충격을 줄여 관절을 보호한다.
3) 이온 정수기	오염 물질을 걸러 내어 식수를 해결한다.
4) 냉동 건조식품	식품의 물기를 빼서 얼린 다음 진공 포장을 한다.

3. ①, ②

듣기 2

듣기

1. 발사 성공

2.

질문	대답
누리호가 무엇입니까?	순수 우리 기술로 만든 엔진을 사용한 최초의 우주 발사체입니다.
우주 과학에 언제부터 관심을 갖게 되셨습니까?	닐 암스트롱이 달에 착륙하는 모습을 본 후 관심을 갖게 되었습니다.
한국 우주 과학의 미래를 어떻게 보십니까?	6G 네트워크와 같은 통신 분야는 물론 유인 탐사선, 심지어 우주여행까지 혁신적인 성과들을 보시게 될 겁니다.

3. 1) 한국 최초의 우주 발사체는 나로호이다.
   2) 나로호는 타 국가 엔진을 사용한 반면에 누리호는 순수 한국 기술로 만든 엔진을 장착했다.
   3) 러시아, 미국, 프랑스, 중국, 일본, 인도 등 6개 나라가 가지고 있었다.
   4) 한국의 우주 과학 기술이 국제적인 수준에 도달했음을 보여 준다.
   5) 국민들의 지지와 격려가 필요하다.

문법

문법 3 (으)로 하여금

2. 1) 꿈은 사람들로 하여금 인생을 열심히 살게 만듭니다.
   2) 광고는 소비자로 하여금 물건을 사고 싶게 만듭니다.
   3) 좋은 부모는 아이들로 하여금 스스로 결정하게 만듭니다.
   4) 액션 장면은 시청자로 하여금 눈을 뗄 수 없게 만듭니다.
   5) 이 노래의 리듬은 듣는 사람들로 하여금 따라 부르게 만듭니다.

3. 1) 물러나게 만들었어요
   2) 결정하게 했어요
   3) 생각하게 했어요
   4) 잘 수 없게 만들었어요
   5) 자신의 인생을 되돌아보게 만들어요

문법 4 -다기에

2. 1) 친구가 냉면이 먹고 싶다기에 만들어 줬어요.
   2) 동료가 부산으로 여행을 간다기에 맛집을 추천해 줬어요.
   3) 선생님이 다음 주에 발표 수업을 한다기에 발표 연습을 했어요.
   4) 가게 사장님이 일요일에는 문을 안 연다기에 다른 가게에 갔어요.
   5) 봉사 단체에서 자원봉사자를 모집한다기에 자원봉사 신청을 했어요.

3. 1) 진수가 저녁을 준비한다기에
   2) 다음 주가 친구 생일이라기에
   3) 백화점에서 세일을 한다기에
   4) 같이 배우기로 했어요
   5) 유학 정보를 찾아 줬어요
   6) 일찍 출발했어요

12 시대와 인물

12-1 다산 정약용

어휘와 표현 1

1. ① 민원을 제기하다 ② 민원을 넣다
   ③ 민원을 처리하다 ④ 결과를 알리다

2. 1)

긍정적인 태도	부정적인 태도
책임감을 가지다 공익을 우선시하다 청렴을 실천하다	비리를 저지르다 태도가 무성의하다 타성에 젖다

3. 1) ① 언행일치 ② 근검절약
   ③ 솔선수범 ④ 청렴결백

듣기 1

준비하기

3. ②, ③

듣기

1. 상담, 민원

2.

번호	의미
숫자 1	오직 시민의 행복만을 위해
숫자 2	두 배의 노력으로 두 배의 감동을
숫자 0	시민의 불만이 없어질 때까지 힘쓰겠다.

3. ③, ④

읽기 1

읽기

1. ②
2.

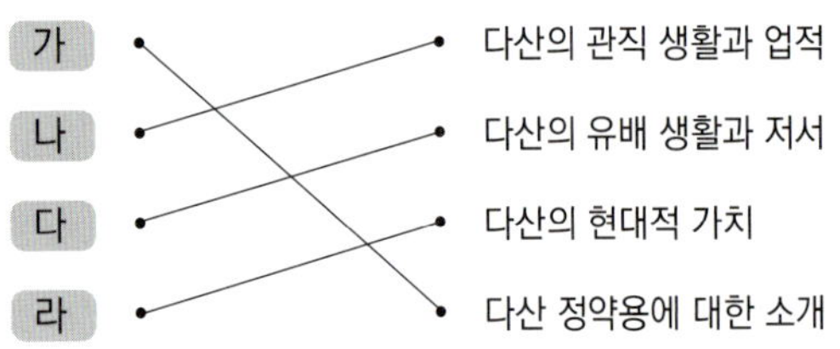

3. 1) 백성들의 실생활에 도움을 주고자 하는 학문이다.
   2) 배다리는 왕의 행렬이 한강을 건널 때 사용했고, 거중기는 화성을 지을 때 무거운 돌이나 물건을 들어 올리려고 사용했다.
   3) 가장 중요하게 생각한 덕목은 청렴인데, 그 이유는 공직자의 비리가 나라를 망하게 한다고 여겼기 때문이다.
   4) 다산의 업적이 세계적으로 인정받고 있다는 의미이다.

문법

문법 1 -(으)ㄴ 이래

2. 1) 창립 이래
   2) 데뷔 이래
   3) 건국 이래
   4) 관측 이래
   5) 유사 이래

3. 1) 우리 학교는 개교한 이래 80년 동안 많은 인재를 양성했습니다.
   2) 교육연구소를 설립한 이래 다양한 교육 문제를 해결하고자 노력했습니다.
   3) 이 책은 40년 전 출간된 이래 현재까지도 독자에게 사랑받고 있습니다.
   4) 그 나라는 강대국으로부터 독립한 이래 자국의 역사를 바로잡기 위해서 애썼습니다.
   5) 국제 사회는 1992년 기후 협약을 맺은 이래 온실가스 감축을 위해 노력해 왔습니다.

문법 2 -는 내내

2. 1) 겨울 내내
   2) 발표 내내
   3) 일주일 내내
   4) 면접 내내
   5) 휴가 내내

3. 1) 그 사람은 대화하는 내내 상대방의 눈을 쳐다보며 집중했어요.
   2) 우리 가족은 여행하는 내내 아름다운 자연에 푹 빠져 지냈어요.
   3) 할머니는 아들의 편지를 읽는 내내 기쁨의 눈물을 감추지 못했어요.
   4) 그 학생은 무슨 일이 있는지 수업하는 내내 설명에 집중하지 못하는 것 같았어요.
   5) 늦게까지 집에 오지 않는 아이를 기다리는 내내 얼마나 걱정이 됐는지 몰라요.

12-2 바람직한 인간상

어휘와 표현 2

1. 1) ① 희생 ② 화합 ③ 양보 ④ 존중
   ⑤ 선행 ⑥ 효행 ⑦ 정직

   2) ① 귀감이 되 ② 의롭 ③ 용감하
   ④ 위험을 무릅쓰 ⑤ 불의에 맞서

2. 1) 자리를 빛내 2) 공로를 치하하
   3) 영광스럽습니다 4) 감회가 새롭습니다
   5) 발전을 기원하

읽기 2

읽기

1. 용감한 시민상
2.

육하원칙	내용
누가	최경민 씨가
언제	지난달 17일 오전 4시쯤에
어디서	다세대 주택 2층에서
무엇을	불이 난 것을 보고 신고했다.
왜	주민들을 구하려고
어떻게	우선 119에 신고하고 집집마다 문을 두드렸다.

3. ①, ③

듣기 2

듣기 2-1

1. 축하
2.

시기	수여 대상
처음 상이 제정됐을 때	선행이나 효행으로 다른 사람의 모범이 되는 개인
지금	지역 개발이나 봉사, 나눔 활동 등을 통해 우리 지역의 발전과 이웃을 위해 애쓰는 개인이나 단체

3. ①, ③

듣기 2-2

1. 격려, 노력

2. 1) 넉넉하지 않은 형편에서도 어려운 이웃에게 베풀고자 노력하신 분들이다.
   2) 혼자가 아니라 함께할 때 의미가 더 커진다고 한다.
   3) 빨리 가려면 혼자서 가고 멀리 가려면 함께 가라.
   4) 이웃을 생각하고 더불어 살고자 노력하는 분들을 영웅이라고 생각한다.
   5) 앞으로도 지역에 보탬이 되고 싶기 때문이다.

문법

문법 3 -(으)라고

2. 1) 쓰라고
   2) 읽으라고
   3) 입으라고
   4) 마시라고
   5) 이기라고
   6) 들으라고
   7) 먹지 말라고
   8) (게임을) 하지 말라고

문법 4 만으로도

2. 1) 설명만으로도
   2) 관심만으로도
   3) 향만으로도
   4) 재산만으로도
   5) 눈빛만으로도

3. 1) 숙면을 취하는 것만으로도 면역력을 높이는 데 도움이 됩니다.
   2) 좋아하는 문장을 따라 쓰는 것만으로도 글쓰기 실력을 키우는 데 도움이 됩니다.
   3) 국산품을 사용하는 것만으로도 경제를 활성화하는 데 도움이 됩니다.
   4) 아이와 눈을 맞추고 대화하는 것만으로도 사회성을 발달시키는 데 도움이 됩니다.
   5) 우울할 때는 잠깐 나가서 걷는 것만으로도 기분을 전환하는 데 도움이 됩니다.

활동

4. 1) ① 선행상
   ② 공로상
   ③ 모범상
   ④ 감사장
   ⑤ 장려상

13 경제생활

13-1 기업의 판매 전략

어휘와 표현 1

1. 1) ① 경제 성장률
   ② 경제 활동
   ③ 경제 위기
   ④ 경기 침체

2)

① 지역 경제를 살리기 위해서는 지역에서 생산하는 농산물을 소비하고 지역 내 가게를 이용하는 것이 필요하다.	살리다
② 우리 집에서는 어머니가 경제권을 가지고 계셔서 월급과 생활비를 관리하신다.	가지다
③ 그 사람은 사업에 실패하면서 수년간 경제난에 시달렸다.	시달리다
④ 오랫동안 국가 경제가 어려웠는데 작년부터 수출이 늘고 일자리도 증가하는 등 경제가 회복되고 있다.	회복되다
⑤ 경제력이 있으면 다양한 경험을 할 수 있는 기회가 많아진다.	있다

2. 1) ㄱ. 상승하
   ㄴ. 좋아지
   ㄷ. 위축되
   ㄹ. 줄이

3. 1) ① 무료 사은품
   ② 가성비가 좋은 상품
   ③ 할인 상품
   ④ 고가 상품

듣기 1

듣기

1. 초저가

2.

경제 상황	판매 전략
지속적인 경기 침체	초저가 제품 판매
소비 심리의 위축	기존 제품에서 30%~70%까지 저렴함.

↓

결과

지난해보다 매출이 3배 가까이 증가함.

3. ①, ②, ④

읽기 1

준비하기

1. 1) 핸드폰 요금제를 정하면 거의 변경하지 않는다.
   2) 물건을 구매하기 전에 무료 체험을 한다.
   3) 할인 상품이나 묶음 상품을 자주 산다.

읽기

1. 가 ② 나 ③ 다 ①

2.

소비 성향	사람들의 심리
① 체험 뒤 물건을 구입하는 비율이 높아진다.	소유하고 경험한 물건을 높이 평가하려는 심리
② 마트에서 할인된 상품이나 묶음 상품을 자주 산다.	처음 제시된 원래 가격에 영향을 받는 심리
③ 핸드폰 요금제를 결정하면 변경하지 않고 계속 유지한다.	원하는 만큼의 이익이 없으면 현재 상태에 머무르려는 심리

3. 1) 가구 회사는 대부분의 가구를 조립해야 하는 부품 형태로 판매하는 전략을 사용하고 있다.
   2) 배가 닻을 내리면 움직이는 범위가 한정되는 것처럼 원래 가격이 기준점이 되어 할인된 가격을 훨씬 더 저렴하게 인식하도록 만드는 것이다.
   3) 소비자는 묶음으로 구매하면 더 싸다는 생각에 여러 개를 구입하게 된다.
   4) 두 달만 있으면 다양한 혜택을 받는 최우수 고객이 될 수 있다고 제안한다.

문법

문법 1 -는 셈이다

2. 1) 가는 셈이에요
   2) 안 하는 셈이에요
   3) 버는 셈이에요
   4) 읽은 셈이에요
   5) 고향인 셈이에요

3. 1) 요리하는 셈이에요
   2) 산 셈이네
   3) 지난 셈이야
   4) 잘한 셈이야

문법 2 -지 않을까 하다

2. 1) 퇴근 시간이라 길이 막히지 않을까 해서 택시를 타려다가 지하철을 탔어요.
   2) 사람들이 배고프지 않을까 해서 음식을 넉넉하게 준비했어요.
   3) 연말이 되면 가격이 더 내리지 않을까 해서 차를 사지 않고 기다리고 있어요.
   4) 채소를 많이 먹으면 살이 빠지지 않을까 해서 자주 샐러드를 만들어 먹고 있어요.
   5) 매일 조금씩이라도 움직이면 몸이 좋아지지 않을까 해서 매일 운동을 하고 있어요.

13-2 합리적인 소비 생활

어휘와 표현 2

1. 1) ① 필수 소비
   ② 합리적 소비
   ③ 비합리적 소비
   ④ 윤리적 소비

2. 1) ① 유행에 동참하
   ② 개성을 표현하
   ③ 부를 자랑하
   ④ 집단에 소속되
   ⑤ 보상을 받
   ⑥ 타인에게 인정받

3.
① 돈이 돌다 ― 소비와 생산이 잘 이루어져 돈의 흐름이 활발하다
② 돈을 굴리다 ― 돈을 투자해서 이익을 늘리다
③ 돈을 뿌리다 ― 돈을 아끼지 않고 낭비하다
④ 돈을 까먹다 ― 이익을 얻으려다가 오히려 손해를 보다
⑤ 돈방석에 앉다 ― 많은 돈을 벌어 편안해지다
⑥ 돈을 찔러 주다 ― 다른 사람 모르게 돈을 건네다

읽기 2

준비하기

2. ① 충동 소비
   ② 과소비
   ③ 모방 소비
   ④ 과시 소비

읽기

1. 유형

2.
1) 과소비 ― 지출이 소득을 넘어서는 소비를 말한다.
2) 모방 소비 ― 또래 집단의 유행을 그대로 따라가는 소비를 말한다.
3) 과시 소비 ― 자신이 가진 것들을 자랑하고자 하는 소비를 말한다.
4) 충동 소비 ― 순간적인 구매 욕구로 인해 생기는 소비를 말한다.

3. ①, ④

듣기 2

준비하기

2. 1) ① 공동 구매 ② 중고 거래
   ③ 구독 ④ 공유

듣기

1. 합리적
2.

1) 첫 번째 사람	공동 구매
2) 두 번째 사람	공유 경제
3) 세 번째 사람	중고 거래
4) 네 번째 사람	구독 서비스

3.

첫 번째 사람	1) 누군가 사용했던 것이기 때문에 거부감이 들 수 있다. 2) 물건을 저렴하게 살 수 있고 환경 보호에도 도움이 된다는 의미이다.
두 번째 사람	1) 인원을 많이 모아야 한다. 2) 가격이 싸다 보니까 물건을 더 사는 것을 조심해야 한다.
세 번째 사람	1) 중고 거래나 공동 구매는 물건을 사서 개인이 소유하는 거라면 이 방법은 물건을 사지 않고 같이 이용하는 것이다. 2) 활용도가 낮은 물건이 필요할 때 효과적이다.
네 번째 사람	1) 정기 구독을 하면 가격이 저렴해지고 매번 결제할 필요가 없어 편하다. 2) 선호하는 상품과 서비스를 빅데이터로 분석하는 방법으로 맞춤형 서비스를 해 준다.

문법

문법 3 -는/(으)ㄴ 가운데

2. 1) 준비하는 가운데
   2) 듣고 있는 가운데
   3) 참여한 가운데
   4) 회복되고 있는 가운데
   5) 지속되는 가운데

3. 1) 모두가 반대하는 가운데서도
   2) 비가 내리는 가운데서도
   3) 그 사람은 바쁜 가운데서도
   4) 어려운 이웃을 위해 기부를 하고 있다
   5) 좋아하는 사람은 금방 찾을 수 있다

문법 4 -기가 무섭게

2. 1) 떨어지기가 무섭게
   2) 울리기가 무섭게
   3) 끝나기가 무섭게
   4) 켜지기가 무섭게
   5) 출시되기가 무섭게

3. 1) 꺼내기가 무섭게
   2) 손님들이 들어온다
   3) 아무 말 없이 음식을 먹었다
   4) 동생은 용돈을 받기가 무섭게
   5) 쉬는 시간이 되기가 무섭게

14 문화와 예술

14-1 K로 문화를 말하다

어휘와 표현 1

1. 1) ① 힘입
   ② 선풍적인 인기
   ③ 고공 행진
   ④ 반짝 인기
   ⑤ 사로잡
   ⑥ 열풍
   ⑦ 입소문

2)

① 유행	긍정적인 / 부정적인 영향 영향을 끼치다/ 미치다 영향을 받다
② 교류	최신 유행 유행에 민감하다 유행에 뒤떨어지다
③ 영향	문화 교류 교류가 활발하다 교류가 확대되다

2.

케이팝 (K-Pop)

글로벌 팬층을 형성하다
무대의 완성도가 높다
공감되는 노래 가사가 많다

케이 푸드 (K-Food)

건강한 재료를 사용하다
다양한 가공식품이 있다
세계인의 입맛을 사로잡다

케이 드라마 (K-Drama)

주제가 참신하다
전개 속도가 빠르다
웹툰을 원작으로 하다

듣기 1

듣기

1. 최고

2.

1) 쌀 가공식품의 수출액 증가
   • 전년 대비 40% 상승함.
   • 수출액 1위 국가: 미국

2) 라면의 뜨거운 인기
   • 가장 많이 수출된 품목임.
   • 수출액이 작년 대비 30% 넘게 상승함.

3) 김 수출액 역시 증가
   • 전년 대비 20% 상승함.
   • 수출 국가 수: 124개국

3. ①, ④

읽기 1

읽기

1. ②

2.

종류	특징
케이팝	아이돌을 중심으로 완성도 높은 무대를 선보임.
케이 드라마	다양한 장르를 폭넓게 다룸.
한국 영화	국제 영화제에서 작품성을 인정받음.

3. 1) 음악, 미술, 음식, 기술, 생활 양식 등 다양한 영역에서 나타나는 한국의 문화적 특성을 의미한다.
   2) 웹툰과 게임 등으로 그 영역이 확대되었다.
   3) 소셜 미디어는 글로벌 팬들과의 소통을 강화함으로써 케이 컬처의 영향력과 인지도를 높이는 역할을 했다.

문법

문법 1 에 달하다/그치다

2. 1) 올해 해외 수출액이 10억 달러에 달했습니다.
   2) 올해 한국의 출산율이 0.7명에 그쳤습니다.
   3) 우승 후보였던 우리 팀이 2위에 그쳤습니다.
   4) 폭우로 집을 잃은 사람들이 수십만 명에 달했습니다.
   5) 새로 출시된 자동차 판매량이 30만 대에 달했습니다.

3. 1) 다짐에 그치지
   2) 극에 달했다
   3) 한계에 달해서
   4) 계획에 그치고
   5) 보여 주기식에 그치고 말았다

문법 2 을/를 바탕으로

2. 1) 상상력을 바탕으로
   2) 취재 내용을 바탕으로
   3) 고객 의견을 바탕으로
   4) 만화를 바탕으로
   5) 기술력을 바탕으로

3. 1) 연기력을 바탕으로
   2) 이야기를 바탕으로
   3) 경험을 바탕으로
   4) 결과를 바탕으로
   5) 믿음을 바탕으로

14-2 예술로 일상을 말하다

어휘와 표현 2

1. 1) ① 미술
   ② 무용
   ③ 조각
   ④ 음악
   ⑤ 건축

2. 1) ① 가설
   ② 모방
   ③ 주술
   ④ 노동
   ⑤ 유희

3. 1) ① 정서적 안정을 얻
   ② 창의성을 발휘하
   ③ 예술을 향유하
   ④ 내면을 들여다보
   ⑤ 자기 신뢰를 높이
   ⑥ 표현 욕구를 충족하

읽기 2

읽기

1. 기원

2.

㉠	예술의 기원에 대한 해석은 다양하지만, 일반적으로 **모방**, **노동**, **유희**, **주술**의 목적에서 비롯된 것으로 본다.

3. ①, ②, ④

듣기 2

듣기

1. 삶, 예술

2.

프로젝트의 취지	일상에서의 작은 **시도**를 통해 누구나 쉽게 예술을 즐기게 함.
프로젝트의 활동	**감상** 활동과 **창작** 활동으로 나뉨.

3. 1) 예전에는 미술관 그림이나 클래식 음악만이 예술이라고 생각했지만 요즘엔 일상에서 즐겨 듣는 케이팝이나 비디오 전시도 모두 예술로 인식하고 있다.
   2) '오페라야 놀자'와 '골동품 투어'가 시민들에게 인기가 높다.
   3) 주변에서 들을 수 있는 소리를 녹음한 뒤 여러 리듬을 활용해 자신만의 음악을 만들어 보는 것이다.
   4) 산책 삼아 집 근처 박물관이나 공연장에 가 보는 것을 추천했다.

문법

문법 3 에서 기인하다

2. 1) 스트레스에서 기인한
   2) 고정 관념에서 기인한
   3) 부주의에서 기인한
   4) 갈등에서 기인한
   5) 부실 공사에서 기인한

3. 1) 낮은 자존감에서 기인한 것이다
   2) 주택 부족 문제에서 기인한
   3) 가정 교육에서 기인한
   4) 실수에서 기인한

문법 4 -는/(으)ㄴ 감이 있다

2. 1) 짧은 감이 있어요
   2) 긴 감이 있어요
   3) 늦은 감이 있지만
   4) 편한 감이 있어요
   5) 멀어지는 감이 있어요

3. 1) 좀 이른 감이 있다
   2) 지루한 감이 있다
   3) 어려운 감이 있어서
   4) 느려진 감이 있어서
   5) 비싼 감이 있지만

활동

준비하기

1. 1) 다른 사람의 창작물, 아이디어, 문장 등을 허락 없이 자신의 것처럼 사용하는 것을 말한다.
   2) 출처와 인용 표시를 정확하게 하고 타인의 창작물을 존중하는 태도를 갖추어야 한다.

3. 1) 편견, 차별
   2) 인용

활동하기 1

1. 1) 직접 인용: 한국미용협회에서는 "한국 화장품은 피부 고민에 맞는 다양한 기능성 제품을 출시하고 있어, 선풍적인 인기를 끌고 있어요." 라고 언급했다.

      간접 인용: 한국미용협회에서는 한국 화장품은 피부 고민에 맞는 다양한 기능성 제품을 출시하고 있어, 선풍적인 인기를 끌고 있다고 언급했다.
   2) 김미나(2025)에 따르면 유학생들의 철자 능력을 검사한 결과 유급 집단의 철자 능력은 한국어 능력과 관련이 있는 것으로 나타났다. 이러한 사실은 유학생들에게 철자 관련 교육이 필요함을 시사한다.

mp3 목록

단원	타이틀	영역	쪽
08	08-1	듣기 1	20
	08-2	듣기 2-1	30
	08-3	듣기 2-2	31
09	09-1	듣기 1	43
	09-2	듣기 2	55
10	10-1	듣기 1	67
	10-2	듣기 2	78
11	11-1	듣기 1	88
	11-2	듣기 2	99
12	12-1	듣기 1	111
	12-2	듣기 2-1	122
	12-3	듣기 2-2	123
13	13-1	듣기 1	134
	13-2	듣기 2	144
14	14-1	듣기 1	154
	14-2	듣기 2	165

순화어 목록

단원	외래어	순화어
08	리더십	지도력
09	터널	굴
	데이트	교제, 만남
	쇼	공연
	엘리베이터	승강기
11	아이디어	참신한 생각
	핀	오리발
	엔진	기관
	네트워크	연결망
	내레이션	해설
	모바일 뱅킹	이동 기기 금융 거래
	게놈	유전체
	비즈니스	사업
	블록	구역
	데이터	자료, 정보 자료
	핸들	운전대
	시트	좌석, 자리
	앱	이동 통신 응용 프로그램
	피아니스트	피아노 연주가
	웹진	누리잡지
	MRI	의료 영상 전송기
	CT	전류 변성기
	에어쿠션	공기층
	배터리	충전지
	OTT	인터넷 동영상 서비스
12	콜센터	전화 상담실
	데뷔	첫등장
	베란다	쪽마루
	커뮤니티	공동체

단원	외래어	순화어
13	테크	기술, 관리
	빅데이터	대량의 정보
14	K-푸드	한국 음식
	K-컬처	한국 문화
	K-드라마	한국 드라마, 한국 대중극
	케이팝	한국 가요
	글로벌 팬층	세계적 열성 조직
	댄스	춤
	로맨스	연애물
	판타지	환상
	콘텐츠	제작물
	소셜 미디어	누리 소통 매체

참고 자료

단원	영역	자료
08	준비	한국어기초사전. https://krdict.korean.go.kr
	듣기 1	성격 유형 검사. https://www.16personalities.com/languages
	읽기 1	한국 MBTI 순위 통계. https://testmoa.com/korea-mbti-statistics/
	읽기 2	로젠버그 자아 존중감 척도(RSES). https://url.kr/zids9u
09	활동	경찰청. 〈최근 5년간 동물 보호법 위반 검거 현황〉. https://url.kr/8ranft
10	듣기 1	잡코리아. 〈직장인, '똑똑한' 신입보다 '눈치 빠른' 신입 사원 선호!〉. https://www.jobkorea.co.kr/goodjob/tip/view?News_No=18304
	듣기 2	The World Bank 보고서. https://wbl.worldbank.org/en/wbl
12	듣기 1	서울특별시 120다산콜재단. https://www.16personalities.com/languages
	읽기 1	서울사랑. 〈목민심서〉. https://opengov.seoul.go.kr/seoullove/18159533
14	듣기 1	한식진흥원. 〈세계 주요 도시별 인기 한식 메뉴 순위〉. https://www.hansik.or.kr/main/main.do
	읽기 1	국제문화홍보정책실. 〈K-콘텐츠 수출액〉. https://www.kocis.go.kr/koreanet/view.do?seq=1047281
	듣기 2	머니투데이. 〈나라별 중산층 기준〉. https://news.mt.co.kr/mtview.php?no=2013081310151367727